9堂极简智慧课

[英]特雷弗·科诺（Trevor Curnow）—— 著　　胡晓红　朱茹月 —— 译

Wisdom
A History

中国友谊出版公司

图书在版编目（CIP）数据

9 堂极简智慧课 /（英）特雷弗·科诺著 ; 胡晓红，
朱茹月译 . -- 北京 : 中国友谊出版公司 , 2020.5

书名原文 : Wisdom: A History

ISBN 978-7-5057-4878-1

Ⅰ . ① 9… Ⅱ . ①特… ②胡… ③朱… Ⅲ . ①哲学 –
研究 Ⅳ . ① B

中国版本图书馆 CIP 数据核字 (2020) 第 037800 号

著作权合同登记 图字：01-2017-7117

Wisdom: A History by Trevor Curnow was first published by Reaktion Books, London, UK, 2015

Copyright © Trevor Curnow 2015

All Rights Reserved

书名	**9 堂极简智慧课**
作者	［英］特雷弗·科诺
译者	胡晓红　朱茹月
出版	中国友谊出版公司
发行	中国友谊出版公司
经销	新华书店
印刷	天津中印联印务有限公司
规格	710×1000 毫米　16 开
	14 印张　206 千字
版次	2020 年 5 月第 1 版
印次	2020 年 5 月第 1 次印刷
书号	ISBN 978-7-5057-4878-1
定价	56.80 元
地址	北京市朝阳区西坝河南里 17 号楼
邮编	100028
电话	（010）64678009

引　言

　　数千年来，智慧散发着无尽魅力，着实令人着迷。古代作家试图在谚语和寓言故事中寻觅智慧的足迹，当代作家则希望能够揭示智慧的本质。人类以不同的方式解读智慧，在大千世界中追寻其踪迹。智慧因其罕见而令人珍视，它堪比宝石，价值连城。有些人始终不愿相信人类掌握智慧，他们认为究其本质，智慧是神圣的，非凡人所能触及。即便对人类来说智慧并非遥不可及，但它绝非唾手可得，人们仍需为之付出艰辛的努力。回望历史，顾问、法官、治疗师、魔术师、预言家、诗人以及发明家等等，无不散发着智慧的光芒。智者可能并不是位高权重、富甲一方，但他们却是社会精英。智者可能并没有撼天动地、威名远扬，但是那些赫赫有名的人士往往会寻访智者请其指点迷津。虽然在智慧的汪洋大海中可能存在神秘莫测的领域，但其实很多时候智慧与我们的日常生活都紧密相关。有的圣人淡泊名利、远离尘世，向往恬静安宁的生活，逃避物质上的关注，但对于亿万富翁沃伦·巴菲特而言，这几乎不可能做到。

　　本书主要介绍智慧在历史发展过程中的各种表现形式。在其撰写过程中，我主要面临两大难题：第一，在大量历史材料中，选材得当实属不易；第二，关于智慧并没有官方定义。在接下来的章节中，有必要阐明我是如何应对这些问题的。关于选材问题，我并非只考虑自身兴趣，而是力求做到取材广泛，论述有力。按照以上原则，我力图选取更多最具代表性的时期、地域及文化来展现智慧的魅力。此外，每一章节都从不同角度解读智慧。

　　对于任何涉及范围较广的主题而言，应对选材问题都无法避免。但是，并非所有事物都有明确的定义。顾问、法官、治疗师、魔术师、预言家、诗人、发明家都才华出众，与众不同。他们技艺超群的原因可能复杂多变、难以捉摸。然而，不管怎样，关于智慧的确没有统一明确的定义。一些现有的材料，可以帮助我们揭露这一问题的本质。例如，亚里士多德将智慧视为对第一原则的认知。[1] 通晓这些知识，我们便能基本了解世间万物的运行规律。智慧与知识密切相关，知识越广博、越深刻，就越能展现个人智慧。另外，西塞罗认为智慧是灵魂健康的必备条件之一，[2] 而认为智慧与心理或精神健康息息相关的想法也绝非少见。然而圣奥古斯丁并不认同上述观点，他认为智慧即要秉承一颗虔诚的心，崇拜上帝，甘于献身。[3] 值得注意的是，这三者观点的不同之处并不在于对细节的描述，而是这些差异也至关重要。本书尚有一些论述智慧定义的例子未列其中。

既然没有明确的定义，自然也没有统一的标准判定到底何谓智慧。为此，有两种行之有效的方法来应对这一难题：第一，选择并坚持某一个特定观点，即使并非所有人都认同该观点；第二，接受他人对智慧的理解。我希望找到这两者的契合点。为了取材更为广泛，我认为，如果某人或某事在某个时候被广泛认为是明智的，我们则必须认真思考这一现象；另外，我将结合自己对智慧的理解进行选材，并以合理的形式呈现给读者。我试图发现自身的智慧观与几千年来数百万人的智慧观的共通点。我之前并未谈到自己对智慧的理解，因此接下来，我将对这一问题进行阐释。

我认为，智慧是关于"人"的学问。即智慧源于智者，并体现在智者身上。虽然这不是人们普遍认同的观点，但也绝非只有我自己持有此观点。在古代，人们普遍认为一些富含哲理的言论通常与智者有关。虽然，并不能确定是否真是他们所言，但人们的这种做法印证了智慧源于智者这一观点。据说所罗门王因著有 3000 条箴言而享有盛誉。虽然这种说法可能属实，但并没有确切的证据来证实这一点。然而《圣经》的次经之作——《智慧篇》（*The Book of Wisdom*），又名《所罗门智慧书》（*The Wisdom of Solomon*），绝非出自他的手笔。因为直到他逝世几百年后，这本书才问世。人们把这部作品归功于他绝非偶然：其作者在文中埋下了大量的线索，以引导读者得出这一结论。后来一些作者希望通过所罗门来确保他们作品的可信度。在整个人类历史上，至理名言似乎总要归功于智者。即使在所罗门时代，也是如此。《苏鲁巴克给儿子朱苏德拉的指示》（*The Instructions of Shuruppak to His Son Ziusudra*）是一种古老的美索不达米亚文本。该书将很多至理名言归功于传奇国王苏鲁巴克。[4] 该文本的历史可追溯到大约公元前 2500 年，比所罗门的生辰还要早 1000 多年。

但是，究竟是什么使智者如此明智呢？最近的研究得出的其中一个结论认为，智慧和应对生活难题的能力使智者越发明智。但是，究竟是什么削弱了我们应对生活的能力？在经典的研究《千面英雄》（*The Hero with a Thousand Faces*，1956）中，约瑟夫·坎贝尔（Joseph Campbell）写道："应对生活状况中的每一次失败，最终必将归咎于意识的受限。"[5] 大部分时间里，我们大多数人几乎和梦游一样，这种观点在很多不同的精神传统中可以找到。英雄探索的典型结果是某种觉醒，即他们以一种新的视角看待世界。这种新视角新颖、独特。神秘主义者、巫师、英雄对世界的理解更深刻，因此能够更好地处理世间难题。柏拉图在他的著作《理想国》中用著名的洞穴理论讲述了这个观点。[6] 柏拉图设想在一个地穴中有一批囚徒。他们自小待在那里，被锁链束缚，不能转头，只能看面前洞壁上的影子。这些影子是由洞穴外的东西投影而成，但只有那些设法离开洞穴并置身于光芒中的人才能发现。洞内人认为这些影子是真实的东西，但是洞外人知道那只是影子而已。无论我们以隐喻还是字面意义来理解智慧和感知之间的联系，在不同时期的不同文化中都会遇到这一主题。智者目光长远、视野广阔清晰。正因为如此，在整个历史中，人们才会向智者寻求建议。

建议的形式各式各样。聪明人不一定是那些向人请教如何造船、如何为篱笆涂漆、如何修鞋的人。与智慧相关的建议往往都是非专业化、非技术化的。聪明的人能生活得更好，且能做出正确决策。这也许指的是"应对难题"的能力，但在我看来，对智慧的这种理解仅是冰山一角。亚里士多德曾经从"繁荣"的角度谈到了美好的生活，这是一个更加高尚的概念。而在生活的最高境界，我们可能会遇到佛教徒所说的"觉悟"。不幸的是，在日常生活中，往往给我提供所谓"好建议"的人都是阿谀奉承,毫无建设性。我们经常难以辨别到底谁是提供良策的人,这个问题在智慧研究中非常普遍。历史的页面上零散地记载着假先知、泥脚英雄和所谓的梦想家的故事,结果证明这些梦想家一直在向错误的方向努力。时间可能会帮助人们甄别优劣,而当代研究正在寻求根据客观标准来确定智慧的方法。但是要想达成一致意见,要想科学地理解智慧以及辨识智慧,我们还有很长的路要走。

因为我相信智慧主要与人相关,在随后的章节中会提及很多人。然而,智慧的研究不仅仅与人相关。就《所罗门智慧书》而言,我们根本不知道该书的作者是谁,但它与智慧息息相关,这一点是毋庸置疑的。此外,许多其他假名或匿名作品与智慧也都密切相关,所以不容忽视。对于那些认为智慧只属于神祇的人而言,问题在于人们如何才能获得智慧。这时,人们会诉诸各种途径,比如占卜。占卜与智慧一直密切相关,对此我们必须表示尊重。因此,有些章节主要介绍一些特定的个体,有些章节以专题的形式论述,其他的章节则结合了这两种方法。

本书在研究人类智慧小史时,所采取的方法不尽相同。这本书从许多不同的专题和历史角度,对智慧的许多方面进行了探讨和研究。章节的安排主要是为了使材料易于管理。同时,材料在不同章节的安排也是基于务实的原则。此文的选材虽然广泛,但不够详尽。遇到我相对熟悉的领域和时期则取材更加容易,而那些我知之甚少或一无所知的领域,则另当别论。

最后,在这本书中出现了很多词语,尤其是名字,它们都不是英语,由此带来了音译的问题。虽然我力图将它们与其他音译版本保持一致,但结果并非总是尽如人意。有时为了把熟悉的事物呈现给读者,就必须使用一些非正式的表达。对于汉字和中文名字,我采用了音译法。其中,偶尔会有偏差。若无其他注明,所有《圣经》翻译则均出自《圣经·新英文译本》(*New English Bible*)。

目　录

　　这幅作品产生于 1569 年，出自法国艺术家艾蒂安·德拉恩
（Etienne Delaune）之手。这幅作品展现了智慧的化身。虽然智
慧的化身存在于古典艺术中，此作品却是在非常不同的传统背景
下受启发创作而成。图中的人物，手持一本书，凝视着天堂。这
一形象的创作灵感来源于《圣经》中的《箴言》和《次经》中的
《西拉书》。

第 1 课

智慧与神

>> Wisdom: A History <<<<<<<<<<<<<<<<<<<<<<<<<<<<<<<<<<<<<<<<<<<<<<<<<<<<<<<<<<<<<<<<

我将开启探索之旅，寻访智慧的最高境界。许多社会、文化和宗教一直以来都有他们信奉的神明。其中有些神明可能源于一些宗教，但是这些宗教如今早已不复存在；但仍有一些神明来源于某些宗教，至今仍吸引着数以百万的追随者前去朝拜。这些神明形态各异，大小不一。尽管他们都与智慧存在某种关联，但是这些联系却不尽相同。这些各种各样的关联可以被视为对智慧的不同理解。此外，许多宗教长年累月，经久不衰，神祇与智慧之间的关联也会随着时间的推移而改变。可能正是因为这一点，当我们回望遥远的过去时，遇到的显而易见的困惑或矛盾才能得以解除。有些宗教早已年深日久，无迹可寻。但是我将从可查证的年代着手，探讨神秘的智慧世界。

印度教

1982年春天，我漫步在印度北部的街道上。忽然，迎面走来一支游行队伍，参与游行的是一些年轻人。游行队伍路过我身边时，他们朝我身上撒了一些红色粉末。见此，一个路人热心地解释道，那是因为我赶巧碰到了为知识女神萨拉斯瓦蒂（Sarasvati）举行的庆典活动。萨拉斯瓦蒂是一个非常古老的印度神，最初被当成河神。后来，人们将她视为梵天（Brahma）即世界创造者的妻子。一些女人仅仅是她们丈夫的伴侣而已，但萨拉斯瓦蒂女神却个性鲜明，与众不同。萨拉斯瓦蒂女神取得的成就离不开她的智慧与学识。因此她深受学生们的欢迎，也就是之前那些朝我投来粉末以示庆祝的人。虽然这些学生和智慧之间并没有多大关系，但是，印度知识女神萨拉斯瓦蒂与智慧之间的关系却密不可分。

仅仅是有学识并不足以以智慧著称，有时学识渊博之人不一定是智者。然而，萨拉斯瓦蒂女神远不止以博学多闻而著名；人们认为是她发明了梵文以及人们书写时使用的天城文。许多社会认为智者（不管是神明、传奇人物还是人类）创造了推动人类文明进步的基本发明——语言和文字，知识女神萨拉斯瓦蒂就是其中一个例证。

需要注意的是，作为生物学分类领域人属中的一个"物种"，人类通常给自己贴上"智人"（Homo sapiens）①的标签。这样做的目的是把人类与历史上与之相似的物种区别开来，那些物种并没有达到人类特有的文明程度。如果人类因其文明而被认为是有智慧的物种，那么文明的创造者必定拥有超凡智慧。虽然这种想法并没有以一种特殊的方式表现出来，但它却似乎贯穿于漫长的人类历史中。文明所涉及的范围远远超出了纯粹的语言和文化，萨拉斯瓦蒂取得的成就也同样如此。文学和读写都是知识女神萨拉斯瓦蒂擅长的领域，尤其是诗歌。她与音乐也有着不解之缘，经常以手持琵琶的形象出现在公众视野中。

印度教众神之中，最受欢迎的无疑是象鼻神（Ganesh），又称"障碍神"，他与智慧也有着密不可分的关系。象鼻神长相独特，象头人形。他之所以受欢迎，很大程度上源于人们认为象鼻神可以帮助他们渡过劫难，获取成功。因此，在日常生活中人们经常向象鼻神祷告。象鼻神与智慧的联系在于他大力弘扬学问知识。就学识而言，象鼻神涉猎的领域与萨拉斯瓦蒂女神有所重叠。有时人们认为是象鼻神写下了伟大的印度史诗《摩诃婆罗多》（Mahabharata）。在当时只有相当少的人会书写，因此文士往往会与智慧联系在一起。文士通常是社会精英（以受教育闻名），有时甚至是政治精英中的一分子。象鼻神能为身居高位、维持秩序的官员消灾灭祸；也能为职位低下、贪赃枉法、亵渎神灵之人设置重重障碍。对此，我们怎么能不感到神奇莫测呢？

古埃及

从古埃及的神祇中也能发现文士同智慧之间的联系。在埃及神话里，托特神（Thoth）被视为文字的发明者，同时也是诸神的文书。因此，他的工作内容之一便是作为一个世界历史学家，把所有的事件都记录在案。托特神是神灵，因此他不仅能通晓过去，还能预知未来。作为一名文书，人们普遍相信托特神在判决死者时发挥着重要作用，可以看到托特神经常出现在这样的场景描述中。因此提到托特神，人们就会想到要虔诚正直地生活。人们希望在托特神面前表

---

① "智人"：Homo sapiens，该词来自拉丁语。其中 Homo 的意思是"人"，sapiens 的意思是"智慧"。——译者注

明他们这一生都像托特神那样正直、真诚地活着。[1] 人们认为托特神知识渊博，能够知晓鲜为人知的秘密。如果需要的话，他便担当起调解员的角色为其他众神服务。希腊人认为托特神就相当于他们的赫尔墨斯（Hermes）。

女神伊西斯（Isis）也与智慧有关。早在公元前 2300 年，人们就开始尊崇女神伊西斯。2000 年以来，埃及人一直对伊西斯女神推崇备至。大约从公元前 3 世纪开始，对女神伊西斯的崇拜扩展到其他地区。直至罗马帝国时代，人们对她的崇拜达到了巅峰。女神伊西斯逐渐与欧洲和亚洲其他众神一起确立了地位。在伊西斯女神失去影响力和被基督教同化之前，也曾受到种类繁杂的异教团体的信奉。

在古代，与女神伊西斯享有同样地位的众神之中，有些神祇确实与智慧相关，例如罗马神话中的弥涅尔瓦女神（Minerva）。但其他女神，例如希腊神话中的阿佛洛狄忒女神（Aphrodite）即便与智慧有什么关联，这种关联也微乎其微。除了都是女神这一共同点之外，这些女神与伊西斯再无相同之处。最初将女神伊西斯同智慧联系在一起的是她拥有的魔法力量。随着人们对女神伊西斯的崇拜不断加深，与之相关的疗愈、神谕活动也应运而生；这两种活动的开展恰恰是离不开智慧的。不久后，伊西斯女神甚至被誉为文字的创造者。虽然托特神一直被认为是象形文字的创造者，但在埃及人看来，文字与智慧之间的关系十分密切。因此，最具智慧的女神必定与文字存在某种内在联系。

伊西斯女神的故事流传至今。作为古代最伟大的女神之一，她能为工作在弘扬女权主义精神领域的人带来灵感。女神伊西斯能为崇敬她的人提供家园，这使她成为更广泛意义上的伟大女神的代表。1976 年，爱尔兰成立了"伊西斯团体"组织。1877 年，布拉瓦茨基（H.P.Blavatsky）创作的第一本关于神通学的书，名为《揭去面纱的伊西斯》（*Isis Unveiled*），这并非偶然。

古希腊

埃及以外地区的人们必定受到许多压迫，因此，他们对伊西斯女神的崇拜更加狂热了。之后，对女神伊西斯的崇拜扩展到了整个希腊罗马地区。这些地区必定也有许多人们崇敬的神祇，其中一些也与智慧有直接关系，其中最重要的可能就是阿波罗（Apollo）了。阿波罗以智慧闻名，这在很大程度上得益于其众多的神谕所，其中包括最著名的德尔斐（Delphi）神谕所，也称作阿波罗神谕所。另外，阿波罗也是医药之神，在很多文化中都认为医药职业与智慧密切相关。阿波罗当然不是希腊诸神中唯一有神谕所的神灵，但是阿波罗的神谕所数量十分可观，其中许多神谕所都具有重要的历史意义。德尔斐一度成为智者前去寻访的中心，同时也是阿波罗的朝拜圣地。据说古希腊七贤（The Seven Sages of Ancient Greece）曾在那里聚会，虽然无法确定这一说法是否属实。尽管如此，他们的格言被刻在寺庙墙上，这里成为智慧和阿波罗的圣殿。

甚至像苏格拉底这样的哲学家都前往德尔斐。当神谕显示他比一切凡人都有智慧时，苏格拉底并没有觉得是无稽之谈，而是试着理解神谕的真谛。苏格拉底对自己的智慧产生怀疑，之后他得出结论：如果他是世界上最聪明的人的话，那么人类的智慧就不值一提了，但如果与神的智慧相比，人类的智慧就显得更加一文不值。并非只有苏格拉底持有这一观点。我们可以看到，许多不同传统文化中的人们都认为智慧就其本质来说具有神圣色彩。如果这种观念变成了人们的信仰——只有神祇才能拥有智慧，那么人类获取智慧的唯一途径便是以某种形式（直接或者间接地）与神接触。反过来，这种信仰来源于神祇（上帝或女神），这些神祇都是智慧的化身或与智慧紧密相连。或许这也是托特神被誉为象形文字的发明者，萨拉斯瓦蒂被尊为梵文发明者的原因。

女神墨提斯（Metis）虽不及阿波罗著名，但她也与智慧有关。事实上，"wisdom"（智慧）一词可能源于她的名字；"counsel"（顾问）一词也可能源于女神墨提斯的名字，这反映了智者往往喜欢寻求他们的建议。然而，"metis"一词也可解释为"狡猾的"，这个术语的色彩褒贬不一。如果托特神的智慧与其道德典范的生活息息相关，那么在此，"狡猾"一词形容的可能是一种不太道德的生活方式。如果我们单纯地认为智慧是积极向上、美好的事物，我们自然很难容忍用消极的词汇描述它。但是，有时候智慧与狡猾的界限确实很模糊。

就女神墨提斯自身而言，关于她的故事并不多，她似乎只是人的化身。在一些故事中，女神墨提斯是雅典娜（Athena）之母。墨提斯女神提供了一个合适的家谱，因此人们经常将她与智慧联系在一起。虽然雅典娜有时被视为一位战无不胜、鼓励战士英勇作战的女战神；但是像托特神一样，雅典娜也被公认为扮演着顾问和调解员的角色。虽然女神雅典娜没有下达神谕发动战争，但是她会直接给其爱将，比如阿基里斯（Achilles）、奥德修斯（Odysseus）提供良策。人们认为是她为人类发明了一些手工制品，为人类提供了制作东西的各种技能。传说雅典娜发明了长笛、犁和战车，也是她把编织和纺纱等技艺赐予了那些心怀感恩之人。由此，可得知女神雅典娜奠定了众多文明的基石。

北欧

北欧许多古老的神祇也都与智慧有着千丝万缕的关联。其中最著名的一个是斯堪的纳维亚（Scandinavian）的诸神之父奥丁（Odin）。跟雅典娜女神一样，奥丁也有尚武的一面。他经常在军事方面谏言献策，被誉为很有谋略的战术家。奥丁以智慧闻名，在一定程度上是由于提瓦兹（Tiwaz）——古老的日耳曼（Germanic）神，被纳入了奥丁的宗教体系下。显然，提瓦兹与智慧、法律和公正之间的关系十分紧密。然而，提瓦兹也有天性好战的一面，这就是罗马人将他视为战神的原因。

奥丁与智慧之间的联系可以通过两个典型故事淋漓尽致地体现出来。第一个，奥丁用计智战瓦夫突缇（Vafthrudnir）——以智慧学识著称的巨人。奥丁前去瓦夫突缇家里拜访他，接下来二者开始了一场惊险的比赛，以互相出难题来比高低，最终奥丁大获全胜。"智慧竞赛"的故事不胜枚举，这不是北欧神话所独有。著名的斯芬克斯（Sphinx）的故事便是其中之一，斯芬克斯是居住在希腊城市底比斯（Thebes）旁的一个狮身人面兽。相传斯芬克斯会抓住每个过路的人提问一个谜题，如果对方回答不出便将其撕裂吞食。后来俄狄浦斯（Oedipus）解开了斯芬克斯的难题，于是狮身人面兽就自杀了（其中一个版本写道）。根据民间传说，"智慧竞赛"就堪比一场生死对决，是非常严肃的。谜底定不是显而易见的，破解谜语需要的不仅仅是知识，因此猜谜语也经常同智慧联系在一起。要猜出特别难的谜语，需要丰富的想象力，而且必须能打破传统思维方式。解谜过程可能并不烦琐，但如果谜底太过显而易见，就不能称之为谜语了。打个比方来说，猜出一个谜题就像快刀斩乱麻，直截了当。比如，当时十分著名的"格尔迪奥斯绳结"，没有人能解开，而亚历山大看到绳结的时候从腰间解下佩剑，一剑就将绳子砍为两断了。

英语单词"riddle"与古英语的"rede"同源，其含义为"建议或忠告"，有时拼写为"read"。在埃塞尔雷德二世（Ethelred II）——外号"仓促王"（The Unready）的绰号中经常看到这个单词。埃塞尔雷德二世并不是准备不充分，而是缺少良好的建议。需要注意的是，阿波罗的神谕有时就是以类似于谜语的形式表达出来的。所以，需要说明的是，在某些文化中，谜语和建议之间确实存在明确的关联。

第二个体现奥丁智慧的故事与密米尔女神（Mimir）有关。她是守护智慧之泉的巨人，饮用此水的人会获得智慧。相传，奥丁就是因为喝了智慧之泉的水而成功获得智慧并闻名于世。奥丁十分渴望喝到智慧泉水，为此，他做好了牺牲一只眼睛的准备。最终，奥丁得偿所愿。后来，密米尔被处以斩首之刑，而奥丁保留了她的头颅，每当他需要建议时都会与之交谈，商议对策。俄耳甫斯（Orpheus）的故事中有个类似的版本，据说密米尔的头颅被扔入大海之后冲到了莱斯沃斯岛的海岸上。那些发现这颗头颅的人把它放在一个洞穴里，在那里它象征一个神谕。

也许因为奥丁通常与血腥的战场及瓦尔哈拉殿堂（the halls of Valhalla，即奥丁接待英灵的殿堂）联系在一起。因此，人们常把奥丁与死亡联系在一起。一些故事中谈到，奥丁身上表现出明显的萨满教特征，他会汲取那些别人否定的知识。奥丁有时也被誉为北欧古代文字的发明者，虽然在传统意义上人们不这样认为。和伊西斯一样，奥丁被誉为文字的发明者可能是因为人们认为奥丁极具智慧。奥丁不忠诚的名声也为人所知，这可能体现了他狡猾黑暗的一面。

在爱尔兰，人们认为欧甘（Ogma）创造了文字，欧甘字母便以此命名。尽管学者们并不认为字母表起源于此，但大多数留存下来的铭文的确都来自爱尔兰。像女神萨拉斯瓦蒂一样，欧甘也是文学之神。他的妹妹布瑞吉特（Brigit）女神通晓占卜、预言和疗愈（及铁匠）之术。这些能力充分证明了布瑞吉特以智慧著称是实至名归。几个世纪以来，人们对布瑞吉特女神的崇拜逐渐与基督教的圣布里吉德（St.Brigid）融合，甚至融为一体。像布瑞吉特一样，圣布里吉德也通晓疗愈（铁匠）之术。在某些方面，一些古老的神祇仍然与我们息息相关。

佛教和道教

上面提到的神祇（上帝和女神），都为文明的发展奠定了基础。但佛教里的文殊菩萨与众不同。在佛教中，文殊菩萨被视为智慧的神圣化身。然而，实际情况远远不止于此，在这里我们仅仅解释了其中一部分现象。我们已经看到，宗教能够借助各种方式不断改变自身以适应外部环境。在其他文化传统中，文殊菩萨以各种人的化身的形式出现在世人面前。如果文殊菩萨是人的化身，那么他肯定不是一种抽象概念。人们认为尊崇文殊菩萨的人会得到他的庇佑，而且有时文殊菩萨可能会出现在他们梦中。在许多文化传统中，梦被视为传递神圣智慧的一种媒介。文殊菩萨也被视为语言知识的守护神，这也从另一方面说明了神圣的智慧与语言和文化之间的关系。

在中国，"Manjusri"被称为"文殊"，他身上经常佩带一把剑。这是他用来对抗无知的其中一件法宝。另一个法宝则是他带在身侧的佛教文本，里面承载着有关智慧的学问。相传，文殊在中国逗留了许多年，虽然有证据表明人们对他的崇拜起源于印度。在尼泊尔流传着一个有关文殊菩萨的有趣故事。传说，加德满都山谷地区之前是一个大湖。文殊菩萨用法术劈开了一座山岭，将湖水排泄出去之后形成了一道峡谷，即当今著名的乔巴尔峡谷（the Chhobar Gorge），又名"一刀切"峡谷。著名的佛塔——猴庙（又名斯瓦扬布纳寺），建造在加德满都以西的山顶上，以此纪念这个壮举。由于加德满都谷地成为尼泊尔的中心，许多尼泊尔人认为文殊是该国家的创始人。这些传说充分表明文殊菩萨不仅仅是智慧的化身，还有一些传记和图解也可以证明这一点。不管乔巴尔峡谷的传说有多么的神奇和不可思议，但它的确表明了智慧同土木工程之间的这一有趣且罕见的关联。

在日本，文殊菩萨被称为"Monju"。在那里文殊菩萨遇见了其他智慧之神，如福禄寿。虽然福禄寿有时被视为佛教里的神，但也有可能是中国道教的一个神灵。在某种形式上，福禄寿被明确地纳进了日本万神殿。他通常被描绘成一个老人，额头高高隆起，留有美须，手持一本书，常与仙鹤相伴，因为在日本仙鹤是长寿的象征。福禄寿的含义为"幸福—财富—长寿"，这也是人类普遍怀有的三个愿望。福禄寿经常同其他六个神仙相伴出现，并称为"Shichi Fukojin"，译为"七福神"或"好运七神"。有关他们的起源说法不一，有关的传说也经常相互矛盾。尽管如此，最重要的是他们象征幸福和好运，比如兴旺、健康、友爱和欢笑。虽然到目前为止还没有证据可以表明这一点，但如果这七位神仙真如我们所了解的那样，那么福禄寿选择同伴的过程也体现了其卓越的智慧。通过福禄寿的例子，我们可以清楚地看到智慧能使人受益。智慧并非是抽象、深奥、遥不可及的，它亦能提高我们日常的生活质量。从福禄寿身上，我们可以看到神圣的智慧就体现在常人身上。虽然在某种意义上文殊可以被单纯地看作为智慧的化身。但在另一种意义上，它也表明：原则上智慧是所有人都可以获得的东西。虽然可能很少有人获得终极智慧，但佛教认为普通大众最终都能获得智慧。

琐罗亚斯德教

在琐罗亚斯德教（Zoroastrianism）中，智慧发挥了更加重要的作用。琐罗亚斯德教是善良与邪恶力量斗争的战场。奥尔马兹德（Ohrmazd）在此领导正义的力量，他早先被称为阿胡拉·马兹达（Ahura Mazda），意为"智慧之神"。

奥尔马兹德也是创世主，这就意味着世界本身就是智慧的产物。一些琐罗亚斯德教教徒的文章中还提到了一种"智慧之灵"，它在创世过程中发挥了重要作用。这就强调了智慧与创造过程之间的联系。"智慧之灵"可能是从名为"圣仙"的一种或一群生物演化而来。这些生命并非完全独立的个体，同样它们也不仅仅代表奥尔马兹德的某个方面。这些智慧之灵既是奥尔马兹德的助手，同时也是他们自己本身。

奥尔马兹德的对手是阿里曼（Ahriman），曾经也被称为安格拉·曼纽（Angra Mainyu）或"恶灵"。很显然，奥尔马兹德与阿里曼势不两立，不共戴天。在琐罗亚斯德教看来，奥尔马兹德定将赢得这场世纪之战。然而，这场斗争旷日持久，胜负难以立见分晓。于是奥尔马兹德创造了人类，以便在这场大战中助其一臂之力。最终，人类在这场斗智斗勇的战斗中发挥了无穷的作用。

奥尔马兹德的伟大先知是琐罗亚斯德（Zarathustra），在琐罗亚斯德教的著作中，有一些很古老的赞美诗可能就是由他创作而成。在某种意义上，它们只是简单赞美诗，旨在歌颂奥尔马兹德的伟大创举和超凡智慧。其中某些诗歌融入了一些元素，这些元素试图使诗歌的前后文相互对照。琐罗亚斯德问道："我提到的这些人中，谁代表正义？谁象征邪恶呢？"[2]这似乎不是一个反问句，倒像是对人们的某种引导。因为这个问题事关正义与邪恶，这的确是一种道德上的引导。琐罗亚斯德教从道德的视角解读智慧，因为他们认为智慧之神一直在引领至善的力量与邪恶做斗争。相对所展现出的智慧而言，奥丁在道德上似乎是一个存在争议的人物。在琐罗亚斯德教中，拥有智慧和行为不道德两者之间往往格格不入。

犹太教和基督教

以上介绍了琐罗亚斯德教，下面我们将介绍大多数读者都比较熟悉的两个教派——犹太教和基督教。虽然它们是两个不同的宗教，但因为两者体现的智慧有异曲同工之妙，所以我们把它们放在一起来介绍。现在让我们通过犹太教和基督教来谈谈一神论宗教。在多神论宗教背景下，智慧与创造分属截然不同的领域的神。但在一神论背景下，一切都融为一体。在《旧约全书》和《次经》（也称《伪经》）中，《圣经》中提到的智慧也都出现过。这两本书是犹太教整理出的文本合集。在《旧约全书》的《箴言》中，智者说："上帝在创造世间万物之初便创造了我，当创立天堂时我就存在了。"[3]（《箴言》第8章第22和27节）很显然，这些文本认为智慧是人的化身。为了理解它们的意义和重要作用，许多学者一直潜心钻研这些文本。智慧的本质是什么？智慧的形态又是什么呢？（因为"智慧"一词在希伯来文中是"hokma"，该词为阴性词，在犹太教的作品中，智慧的化身也始终为女性。）在《圣经》的《箴言》篇中，处理智慧的方式不仅仅是将其归为一种可能会消失的异常现象。《便西拉智慧书》和《所罗门智慧书》两本书（二者都包含在《伪经》中）都将智慧的形象进一步拟人化。在《所罗门智慧书》一书中，我们会发现一个令人感到震惊的说法："她受到启发，了解到一些只有上帝才通晓的知识，并且由她决定要做些什么。"（第8章第4节）显然智慧在这里发挥了积极的作用，尽管目前还不清楚其影响究竟有多大。

犹太人的一神教教派断然不会承认世界上存在其他神灵，无论其性别是什么。然而，从其相近的宗教传统来看，很容易发现智慧通常所呈现出的是女神的形象。埃及女神伊西斯如此，还有许多智慧女神，比如叙利亚女神阿施塔特（the Syrian Astarte）、巴比伦的伊师塔女神（the Babylonian Ishtar）都是如此。最终，犹太教成功抵制了智慧女神的诱惑，依然忠于一神教的信仰。然而，至少在一段时间内，智慧在一神教的地位有些模棱两可。与琐罗亚斯德教体现的智慧观一样，智慧既是神的一部分，同时又是神的助手。这些模棱两可的观点在一定程度上还对基督教产生了影响。三位一体的教义指出：凭借三合一（也可以说是管理它的一种工具），神既可以被视为三个，又可以看成是只有一个。

在基督教中，对智慧的解读也是模糊不清，从基督教对智慧的肖像处理中可以发现这一点。智慧通常等同于耶稣——三一真神中的第二位（圣子）。耶稣通过各种影视图像以不同的方式被呈现出来，一旦需要强调耶稣拥有超凡智慧时，他通常以救世主的形象出现。这时耶稣被描绘成一个位居宝座的统治者、铁面无私的世界法官。然而，还有一种对智慧的肖像描写，即把智慧描绘成一个天使，此时智慧跟耶稣是完全不同的形象。也有其他关于智慧的肖像描写，既不是耶稣也不是天使，但很显然是一名女性，有时这位女性还头戴皇冠。圣索菲亚（the St.Sophia）可能生活在公元2世纪，并且有三个十分圣洁善良的女儿，分别叫"信念""希望"和"仁爱"。人们普遍认为圣索菲亚是神创造出来的，但是神创造的世间万物必定有其存在的意义。对于圣索菲亚而言，她的价值所在就是代表智慧的化身。就像单词"hokma"在希伯来语中一样，"sophia"在希腊语中也是阴性词。在基督教的三位一体（圣父、圣子和圣灵）背景下，唯一明确的女性角色就是圣母玛利亚，即耶稣的母亲。虽然可能没有突破正统信仰，但是一些神学家已试图把她和智慧紧密联系在一起。

我们必定会得出结论：《旧约全书》的希伯来语以及《新约》的希腊语对于明确将智慧作为女性形象造成了一定的语言压力，即便这在神学上是一个备受争议的问题。假如智慧在神学上并不重要，那么最简单办法就是忽略它，但是直到现在我们都没有这样做。事实上，一些现代的俄罗斯神学家已经准备将智慧置于神学范畴中更加中心的位置。这样做，无疑是冒着挑战正统的风险。

设计论证

在本章节结束之前，我想暂不考虑这些上帝和女神的问题。转而思考一下，我们是否能证明神灵的确存在。在神学领域，世界万物都是造物主的杰作，这一说法经常成为讨论的焦点。围绕这一说法，出现了一种哲学观点：世界是撼动人心且复杂多变的事物，很难让人信服世界是造物主偶然创造的，该观点被称为设计论证。另外，对于这个观点有一个类比论证：一些结构复杂的东西，比如钟表，如果没有钟表匠就不会存在钟表；那么更为复杂的东西，比如世界，如果没有造物主也一定不会产生世界。假如有人送给我们一块做工精密、完美无缺的刺绣，他们若说这块刺绣并没有经过精心设计就凭空产生了，我们是断然不会相信的。这一论点实际上并没有证明什么，但是它引导我们思考造物主存在与否，并不能解释世界的存在。

然而，这种论证方法还能进一步提高。如果世界存在，造物主就一定存在的话，那么难道世界的本质就是造物主吗？如果世界上存在智慧就一定表示造物主也具有智慧吗？约翰·雷（John Ray）于1691年首次出版了作品《造物中展现的神的智慧》（*The Wisdom of God Manifested in the Works of the Creation*），该书名清楚地揭示了他对这个问题的看法。约翰·雷的基本论点如下：

除了令人赞叹的艺术与智慧，还没有或者说至少不存在更加明显且令人信服的论据来表明世界上存在神灵，可以在制定宪法、规则、战略方面都能体现令人赞叹的艺术和智慧之美……[4]

可以看出，约翰·雷所关注的重点是科学分类，其中世界的秩序尤其激起他的兴趣。科学家们发现世界上的秩序其实是造物主智慧的结晶。

从本堂课内容我们可以了解到一些神祇与智慧之间都有这样或那样的关联。这些神祇分别来自不同文化背景、不同历史时期，一些来自远古时期的宗教，一些来自近当代世界。因此，人们不禁会认为无论什么文化背景下，都有人们所崇敬的智慧之神，但是没有足够证据说明这一点。在那些有智慧之神的文化当中，我们很清晰地发现这些神灵都各有千秋。没有人可以义正词严地声称奥尔马兹德和奥丁毫无二致，没有差别。即便那些仅仅被视为智慧化身的神祇，比如女神墨提斯和文殊菩萨，两者仍有显著差异。对于渊源较为复杂的神祇，如雅典娜女神和福禄寿两者之间的差异就更加显而易见了。

另一方面，由于我们在这里所讨论的都在某种程度上与智慧有些关联，所以肯定不会只存在差异而毫无共同之处。当我们从这个视角解读这些材料时，便会发现这些神祇的确存在相似之处。我们能发现一个反复出现的主题：某个神灵对促进文明的发展所做出的重大贡献。比如，女神萨拉斯瓦蒂发明了梵文字母、托特神发明了象形文字、欧甘发明了字母表、奥丁发明了符文。为什么文明社会如此重视文字？这很容易理解，因为众多文化货币的产生往往基于文字，其中的一些选材也与许多文学作品有密切联系。人们认为雅典娜发明了犁和长笛，为农业和艺术领域做出巨大贡献。

所有这些发明都是发挥创造力的典范。奥尔马兹德（智慧之神）和犹太教的智慧之神更是具有创造力的角色，因为他们是世界的创造者。奥丁在同瓦夫突缇的智慧对决中也体现出了惊人的创造力。其中尤为珍贵的是这种打破常规、不拘一格的思维方式。因为谜语和忠告之间往往存在某种关联，那么值得一提的是给予忠告的最佳方式就是慢慢地引导他人。托特神和雅典娜女神都被视为调解员和谋士，象鼻神善于为人清除障碍。我不想再一一赘述这些观点，但是我认为我们总会发现他们的相似之处。因此，一些材料可以通过某种不太明显的方式联系在一起。

如果一些差异可能比实际情况更明显，我认为至少还会发现一个问题：简单来说，奥丁非常明智，但是却不忠诚吗？在琐罗亚斯德教中，通常把智慧和道德联系在一起。但阿波罗的故事中，不乏有许多阿波罗处理问题方式不当的反例。我们越把智慧看作类似于知识或技能一样，我们就越容易理解这些显而易见的矛盾。很显然，就像没有什么能阻止我成为一个优秀典雅的音乐家，但同时也是一个凶残冷酷的杀手。假如，我们认为智慧是个类似于人的事物，或具备人的性格，我们就越难理解智慧的本质。然而，如果我们说那些讲述奥丁和阿波罗的故事就仅仅是故事而已，并不能将其视为理论，这一说法就是合理的。神话学与神学不同，即使有时他们属于同一领域，但这两者遵循的规则却不一样。我们在上文讲述的故事已经流传了几个世纪，在此期间这些故事不断地变化和融合。或许琐罗亚斯德教的观点是错误的，智慧本与道德无关。

《以诺升天》

据说以诺并没有死，但其身体升到天堂，这一幕描述的是他正离开朋友和家人。

第 2 课
智慧与神话故事

神话和传奇的世界是由大量人物角色构成的，他们具有各种优点和缺点。这些人物有的勇猛无比，有的有勇无谋，有的知识渊博，有的愚蠢至极。有些我们也许喜欢效仿，有些则不然。有的也许存在事实依据，有的也许只是纯属虚构。在所有这些人物中，有不少曾被视为智者。

古代美索不达米亚

我们所知道的一些最早的神话源自古代美索不达米亚，其中一些便涉及了智慧。有些神话与一群被称为阿普卡卢（Apkallu）的生物相关，它们是最为吸引人的。这些生物有些奇怪，至少外表看起来是这样的，但是它们扮演了一个解释性的角色。传说有七个阿普卡卢，与之相关的、最古老的书面记载可追溯至约公元前2000年。据苏美尔人的传说，它们处于世界创造之初与大洪水之间的时期，此次大洪水使人类濒临毁灭。在此期间，国王在美索不达米亚的城市统治长达数千年之久，阿普卡卢担任其中一些国王的顾问。因为阿普卡卢一词意为"最聪明的"或"明智的"，所以那些统治者向它请教是极为恰当的。然而，阿普卡卢远不只是顾问。正如神话中经常出现的情况一样，不同的故事之间很难完全一致。但有一点不可否认，那就是阿普卡卢把所有的文明元素带给了人类，包括艺术、建筑、农业、几何和立法的知识。

阿普卡卢不是这些知识的真正发明者，而是人类与伊亚（Ea）之间的纽带。伊亚是美索不达米亚的智慧之神，同时也是其他神的顾问。也许因为伊亚跟水关系密切，他的使者——阿普卡卢，有时被认为是拥有人首、人足、鱼身的生物。有时人们将它们描绘为长着翅膀且头部类似鸟首的生物。这是另一种更为传统的方式，其被用来描绘神之信使，因为人们一般认为神居住在天堂里。有时人们会将其构想为人类的样子，总而言之它们变得更加世俗化了。

大多数阿普卡卢名字相差无几，但是却存在不同版本。其中有一个名字非常引人注目，那就是阿达帕（Adapa），他有时也被称为乌安（Uan）。他经常被认为是众神之首，在某些情况下，人们认为是他独自把所有的文明基础带给了人类。在一些神话中，他作为伊亚创造的一个人而出现，被赋予了伟大智慧，并成为伊亚在厄里杜（Eridu）的牧师。在神话中，厄里杜是在美索不达米亚建造的第一座城市，是美索不达米亚文明的一个重要标志，特别是阿达帕和阿普卡卢一般都与其创造相关。最终阿普卡卢的时代被一场大洪水终结了。据一个神话传说，是因为阿普卡卢在某方面激怒了神，所以得此下场，但是人们并不清楚它们犯了什么罪。

洪水并不标志着美索不达米亚神话智慧的结束。伊亚把即将发生的一切告诉了一个名为阿特拉哈西斯（Atrahasis）的人，以此确保了这个世界未被彻底摧毁。阿特拉哈西斯（该名字意为"特别明智"）也被称为朱苏德拉（Ziusudra）和乌特纳比西丁（Utnapishtim）。因为伊亚的警告，他建造了一艘大船，这使他在美索不达米亚成为诺亚般的人物。据说朱苏德拉是苏鲁巴克（Shuruppak）的儿子，而苏鲁巴克是美索不达米亚城市的一位传奇国王，他因自己的智慧而享有盛誉，一些至理名言和神话故事都与他相关。[1]

古代中国

中国的传奇故事多与"神仙"有关。他们是一个特殊的人群，被认为已经达到了一种完人的状态。从字面意思来看，有时候人们认为这些人获得了永生，并找到了得以永生的一种方式。有时永生需要以一种更神秘的方式来理解，它表明精神成就已经达到了特别高的水平。有时两者混合在一起，偶尔也会有一点魔法添加进来。关于所有神仙最重要的一点就是他们起初都是凡人，因此可被列举出来作为其他人的榜样。这些神仙被视为最杰出的圣人，所以他们可以被看作智慧的典范。虽然人们讲述了数百名神仙的故事，但在过去的几个世纪里，他们之中只有少数被挑选出来，受到了特别关注和尊敬。这几个人被称为八仙。

没人知道八仙这个特定群体的想法是何时首次产生的，也没人知道为什么偏偏是这八个人被选中。无论历史还是传说都认为他们生活在不同的历史时期，也没有什么可以表明他们都曾生活在同一时期的同一地点。也许可以这样说：至少在人们的心目中，他们以一种可见且令人难忘的方式代表了智慧的各个方面，就像日本七福神代表不同类的好运一样。有时在不同的出处中他们的名字略有不同，但最常见的是铁拐李、张果老、曹国舅、韩湘子、吕洞宾、何仙姑、蓝采和、钟离权。有关他们的故事如此之多，但在这里并不能一一介绍。一般人们认为在八仙中吕洞宾最为重要，他经常作为个人而非八仙中的一员出现，所以接下来我将把注意力主要集中在他身上。

与传奇故事中的非比寻常之人一样，在吕洞宾诞生之日也发生了一些奇怪的现象。美妙无比的香味和绝妙神圣的音乐，伴随他的出生而来。依旧如传奇人物一般，他是一位天才，孩童时期便能每天记住大量诗歌。因此他从事文学，并且多年来一直为之奋斗也就不足为奇了。在两个主题的主导下，他的生命开始向下一阶段过渡。首先，他受到重重考验；其次，他遇见了两位仙人。这些故事揭示了人们所需要形成的品格，拥有这些品格才能成为名副其实的神仙。他必须视金钱如粪土，无所畏惧，能够抵挡得住一切诱惑，抛弃个人的雄心抱负，接受生活带来的一切。吕洞宾经受住了所有考验，并从师父那里获得了隐身和长生的秘诀，之后的数百年里他浪迹中国，一路行善。

吕洞宾手持一把宝剑，完成了一些惊人之举。八仙中其他成员也有令人印象深刻的法宝。张果老有一头神驴，可载他日行千里，无用之时，便把它折起置于口袋。何仙姑会飞，无须进食。曹国舅也能长期无须进食。其他人则较为平凡，韩湘子、钟离权都被视为哲人，蓝采和是一个爱喝酒的乞丐，铁拐李靠一把铁拐走路。他们大多数是在一个时期或另一时期作为隐士生活。

在关于八仙的故事中有很多不可思议的壮举，显然这是一种能将他们与常人区别开的方法。但在其他某些方面，他们也与常人无异。吕洞宾受到的考验也是常人在日常生活中不得不面对的问题，比如家人去世或被盗，而且他们还没有任何超能力。

八仙也与繁荣、好运和长寿相关，由此也经常被描绘在流行艺术中。他们被画在花瓶上、绘画里，被雕刻成像，甚至出现在电影里。虽然起源于遥远的过去，但是对于当前来说他们依旧有着重要影响。

五帝也源于遥远的中国古代，但是他们跟八仙发挥的作用截然不同。人们一致认为五帝是中国文明的创始人，是他们发明了一切，使文明变得可能："生火、钓鱼、狩猎、农业、建房、医药、日历和写作这些发明都归功于他们。"[2]

五帝（有时他们也被称为五位模范统治者或五圣）在中国发挥的作用与阿普卡卢在美索不达米亚发挥的作用相同。其中很多发明都应完全归功于五帝之首——黄帝（这并非一个名字，而是一个头衔）。据说他生活在约公元前2600年，甚至在一些传奇记载中认为是他创造了人类。陶工的轮子和指南针据说也是由他设计的。

黄帝之后，紧接着是颛顼和帝喾，他们都是非常神秘的人物。继他们之后便是尧和舜了。据说尧引进了日历，并为国家建立了一些管理结构。他退位后选择舜作为继任者，由此提出一个观点：统治者应任人唯贤，而非任人唯亲。舜效法尧治国安邦，二者被视为善治的先驱和榜样。八仙和五帝代表中国传奇智慧中的两种不同类型。帝王代表文明的创始人，而神仙则代表那些达到完人状态的人。两者之间存在一种联系，因为，在帝王中至少黄帝被认为已羽化升仙。所以帝王使人敬仰，而神仙供人模仿。

罗马七贤

我现在要把重点转到一群非常特殊的人物身上。罗马七贤是一个著名故事中的角色，关于这个故事有很多不同的说法。他们的名字不总是被提及，即使被提及也不总是相同。据说这个故事起源于古代的罗马，也许远至印度，发生于公元前首个千禧年。该故事好像起源于一本名为《辛巴达之书》（*The Book of Sindbad*）的作品，在一些版本中，辛巴达或辛迪巴达（Sindibad）是其中一位贤者的名字。令人难以置信的是，在其中一个版本中榜上有名的另外六位贤者分别是希波克拉底、亚里士多德、品达、荷马、阿普列乌斯和琉善。如果这些属实，那就意味着，这个故事的流传时间跨越了他们所生活的数个世纪。

在另一版本中，甚至连对现实主义的伪装都被抛弃了，故事人物被给予了纯属虚构的名字。

尽管需要各种各样的修饰，但是故事的基本框架很简单。一个国王的儿子被送去接受七位博士的教育。儿子不在的时候，国王再婚。王子回来后，他的继母试图勾引他，她失败后便密谋反对王子，并做出不实指控。为了保护他，七贤坚持让王子发誓暂时保持沉默，在此期间，他们会尽全力救他逃出困境。接下来七天中的每天，继母都跟国王讲一个故事，计划让他与儿子反目为仇。她的故事包含很多孩子不忠的例子。同时，每天都有不同的贤人向国王讲一个故事，目的是拯救王子。他们的故事中经常提及女人的邪恶。七天结束时，王子打破了沉默，揭露了事实。他得到了赦免，继母则突然离世。国王不久后也去世了，王子接替他继续贤明地治国安邦。在一个叫作《多罗帕托斯》（*Dolopathos*）的故事版本中，故事的结局带有了基督教色彩：王子当上国王后便改信了基督教。

贤士的数量正好为七，我们尚不清楚这是否有任何特别的意义，但是在美索不达米亚（阿普卡卢）、希腊和印度（七位圣哲）都可找到七贤的名单。此外，还存在世界七大奇迹、智慧七柱等等。我们可以给出更多的例子，但是也有很多与其他数字相关的举例。[3] 如果不能确切地知道故事何时何地初见天日，我们就无法讲出该数字对其构成的重要性。为了便于叙述，七位贤人正好可以在一周内展开行动。在中世纪的欧洲语境中，七贤完全对应于七个人文艺术（语法、修辞、逻辑、算术、几何、天文学和音乐），这些恰巧是王子接受的教育。故事情节是为了讲述不同的故事，而贤士的数目是为了讲述他们七个人。正好将他们确定为贤士似乎是出于一种期望，那就是确定他们所讲的不只是简单的娱乐故事。作为贤士，他们所讲的故事也是有道德意义的，其目的在于教育。像这种罗马七贤的故事，也许可被视为一部智慧文学。数世纪以来，它的不同版本和不同语言都广为人知且深受欢迎。

东方三博士

基督教传说讲述了神秘博士（亦称国王）的故事，他们从东部到达伯利恒朝拜圣婴耶稣。几位博士名为巴尔萨泽（Balthasar）、加斯帕（Caspar）和梅尔基奥尔（Melchior），自 12 世纪以来，他们的遗物一直被置于科隆大教堂（Cologne Cathedral）。因此我们可以惊奇地发现，《圣经》中从未提及有这三位博士，更未提及他们是国王。因此他们的名字纯属虚构，数字"三"的产生似乎基于《圣马太福音》（《圣经》唯一提到的地方）讲述的他们带来的三件礼物：黄金、乳香和没药。有时他们被分别描述成是阿拉伯、印度和波斯的国王。还有传说认为总共有十二博士，而非三博士。

在福音中用来指称他们的词语是"麦琪"（"magi"），《圣经》的一些译者称其"占星师"。显然，占星学之所以出现在他们的故事中，是因为他们声称在星星中看到了一些东西，对此他们解释为一位新国王诞生了。可是，无论"麦琪"一词意味着什么，它都绝对不是"国王"的意思。然而，一种观点似乎从早在 2 世纪时期神学家德尔图良（Tertullianus）的著作中就已发展起来，此观点为他们是国王或在某种程度上类似于国王。也许这是因为德尔图良认为遇见希律王（King Herod）非常重要。有三位博士的观点至少可以追溯至 3 世纪神学家奥里根（Origen）的著作。有关《三博士来朝》（*Adoration of the Magi*）最早的描述可追溯至 2 世纪，这在罗马的普里西拉地下墓穴（Catacombs of Priscilla）墙上的壁画中可以找到。

如果曾有三博士朝拜伯利恒的传说，这可能会更容易理解。东方三博士可能起源于米堤亚人（Medes）的部落、宗族、种姓（学者对此深有分歧），这个民族曾经定居在如今的伊朗和阿塞拜疆的边界附近，负责管理本民族的宗教事务。随后当米底亚（Media）成为波斯帝国的一部分之后，也承担起了波斯帝国的宗教事务。有些人认为他们从印度的婆罗门获得了祭司艺术，尽管这并非不可能，但却没有实际证据来支持这个观点。

由于追溯琐罗亚斯德教历史而涉及的问题，我们很难知道东方三博士是源于此宗教内部还是外部。但很清楚的是，在某个时候他们可被看作是跟祭司一样身份的人。因此，他们成了所有祭礼活动的管理者。他们也可被明确地定义为一个人："据说，东方三博士身着白色长袍，生活拮据。而且他们有怪癖，即亲手杀死鸟类、蛇、蚂蚁和其他未被驯服的生物，但是狗和它的同族除外。"[4]鉴于波斯帝国向西传播，耶稣出生的时候，在现在的土耳其可能会遇到东方三博士，历史学家兼地理学家斯特拉博（Strabo，前64—公元22）说他曾在卡帕多西亚（Cappadocia）看到过他们几个。因此如果三位琐罗亚斯德教教士曾在伯利恒出现过，这就意味着他们可能来自不止一个方向，因为卡帕多西亚位于伯利恒北部，而非东部。

虽然要想确定他们的具体身份并非易事，但是很显然东方三博士不仅仅是祭司。希罗多德（Herodotus，前485—前425）说他们解读梦境，这就可以合理地假设他们也经常进行其他形式的占卜活动。词语"麦琪"与"魔法"显然密切相关，但对于他们具体所拥有或自称拥有的神秘力量尚不清楚。狄奥·克里索斯托（Dio Chrysostom，40—112）说他们负责波斯国王的教育，这使得他们具有了相当大的影响力。这也赋予了他们类似于传说中罗马七贤的作用，因此有些人认为《辛巴达之书》起源于波斯也许并非巧合。这本书或许也可解释为什么即使他们不是国王，在某些方面却被认为与国王相关。

虽然《圣经》中的博士既模糊又神秘，但一般来说，他们肯定可被辨别出来。在当时世界上的某个地方，这样的人物确实是存在的。虽然他们可能是因为引以为傲的成就和扮演的角色才被称为博士，但他们肯定不是国王。可是，他们肯定是人类，现在我想转向一组主要以动物外形出现的人物。

文化英雄和骗术师

"文化英雄"一词经常出现在文学中的民俗学和人类学中，表示一种特殊的人物或生物。有时人们认为某人（通常是一位男性的"他"）创造了世界，因此他的地位等同于造物神。然而，他的成就通常不多，但在实践中却非常重要。人类日常生活的基本知识是由文化英雄所带来、发明或教导的。在某种意义上讲，特别的食物、独特的技术、特殊的实践，以及特定的文化信仰和价值，应全部被视为文化英雄所馈赠的礼物。文化创始人与智慧间的联系已被多次进行研究和阐释。文化英雄也体现了一个社会的特性，这种特性与其起源有着密不可分的联系。与文化英雄相关的故事，解释了万物是如何变成了现在的样子，以及为何应该保持现状的问题。有时人们认为文化英雄至今还存在，但有时人们认为他的时代早已过去。

尽管文化英雄这种想法在其他地方也曾出现，但它在北美、南美和非洲的民间传说中尤为突出。从理论上说，文化英雄可以是任何形式的生物，但实际上他经常作为一种动物出现。在北美，他经常是郊狼或野兔。在巴巴哥人（Papago people，现在主要出现在亚利桑那州南部）之间流传着一个故事：很久之前，郊狼警告巴巴哥人的酋长大洪水将至。他们建造了一艘巨型独木舟，以此避开大洪水。因此郊狼拯救了他们，使其免遭灭绝之难。有关阿特拉哈西斯（Atra-Hasis）和诺亚的故事惊人地相似，尤其是在为故事提供背景的地形条件完全不同的情况下显得尤为相似。巴巴哥人讲述的故事并不罕见。从北部的阿拉斯加到南部的火地岛，大洪水的故事在美洲的民间传说中非常常见。

在北美、非洲和亚洲的民间传说中会出现兔子（或野兔）的形象；在北美的部分地区，兔子被认为是火和光的使者；在西非的部分地区，蜘蛛是其文化英雄，被称为安南思（Ananse）。人们认为它带来了光，有时也认为它创造了整个世界；在北美的西北部，乌鸦有时被认为是造物主；在墨西哥的阿兹特克，羽蛇神（Quetzalcoatl）被视为艺术、日历和玉米的使者，以及人类的创造者。它的名字意为"有羽毛的蛇"。尽管它在更多的时候被赋予了人类的外形，但这个经常被描述得古怪的混合生物，反映出并非所有的文化英雄都为动物的事实。库托伊思（Kutoyis）是黑脚族人的文化英雄，通过狩猎及杀死恶魔、怪兽保证一方土地的安全。他通常以人类的外形出现。并非所有的文化英雄都为男性。新墨西哥的阿科马人有一对姐妹文化英雄：爱阿梯库（Iatiku）和娜特斯提（Nautsiti）。她们一个是生命使者，另一个是繁荣使者。

若只谈论文化英雄而不谈论与其密切、频繁联系的另一个思想——"骗术师"，那是不可能的。骗术师被描述为"狡猾且非道德的英雄"。[5] 很多骗术师像文化英雄一样也是动物，但是他们也以人类外形出现，通常为男性。骗术师最鲜明的特征是其调皮的本性。若文化英雄像严厉的父母，那骗术师则像一个淘气的孩子。

骗术师几乎可以说与文化英雄相对立，对其介绍完之后，你也许会惊奇地发现，迄今为止提到的大多数文化英雄也是骗术师。就郊狼和兔子（或野兔）来说，很难让人不联想到卡通人物大笨狼怀尔（Wile E.Coyote，为了追赶跑路鸟总是一直尝试，但是不断失败）和兔八哥（Bugs Bunny，为了折磨埃尔默总是一直尝试，且总能设法做成）。这说明了一个事实，即那些有关骗术师的故事都具有娱乐性，这样可以使故事畅销。至于他们是否起源于北美洲或非洲还只是一个猜想，但毫无疑问的是，乔尔·钱德勒·哈里斯（Joel Chandler Harris）收集的故事《雷穆斯叔叔》（*Uncle Remus*）中的人物贝尔兔（Brer Rabbit）就是一个典型的骗术师。关于它冒险经历的书已售出数百万本，这仅仅因为它们具有娱乐价值。[6] 虽然贝尔兔的故事经常被家长读给孩子听，但有关其他骗术师的故事融入了更多成人因素，其中许多都有性元素。

从任何意义上来说，骗术师都是狡猾的。他是一直都会赢的"小男人"，只要能赢，他似乎就不在乎如何获胜，因此他的行为被评价为不道德。在非洲民间传说中，尤其是在尼日利亚，作为骗术师出现的是一只乌龟。乌龟和野兔的赛跑是许多故事的主题：在西方版本的巧智故事中，乌龟通过不懈地坚持而非自满赢了野兔；在非洲版本中，骗术师以冠冕堂皇的欺骗手段获胜。[7] 但是因为骗术师比对手更聪明，所以他理应在道德意义上获胜。他的成功靠的是自己的智慧，而不是势力或权力。

如果文化英雄可以被视作社会价值观的化身和保证者，那么骗术师就是他们的挑战者。即便没有超越文化英雄，他们也挑战了文化英雄的极限。将这两个角色结合在一个人物身上就会产生矛盾，对于这个显而易见的问题有两种明显的回应方式：一种看待问题的方法是像神话一样，民间传说中不可避免地会出现矛盾。随着时间的推移，故事不断地被口口相传，并以此流传百世。所以按照适用于哲学小册子的标准去衡量民间文学艺术，就不太合适了。

另一种看待问题的方法是接受文化英雄作为社会价值观的使者和保证者，从某种意义上来讲要高于骗术师。这种方法对骗术师的定位显然有所不同，但他似乎也被赋予了一种豁免权，使他可免受既定文化规范的约束。骗术师的作用是考验文化英雄，为此在一定程度上，必须赋予他一种特殊权力，而这种权力未曾赋予过别人。因此，文化英雄和骗术师相结合的形象，既是社会公约的捍卫者，同时也是其挑战者。文化英雄建立了社会公约，但骗术师不断提醒人们，他们只是公约。文化英雄和骗术师之间相互作用，产生了一种创造性的张力，一方面保持公约的完整和实施，另一方面使他们不断受到严格审查。当这两个角色出现在同一个人物身上时，就会出现一种与众不同的圣贤，他超脱于传统价值观念和"善恶之外"。[8]

印度圣人

"里希"（Rishi）是印度用于圣人的词语，正如中国的神仙一样，印度也有很多圣人。与神仙一样，有关圣人的故事数不胜数，其中很多已被载入印度史诗《摩诃婆罗多》中。它讲述了两个家庭之间的争端，虽历经数年，但该故事一直备受人们的喜爱。在其数十万篇章中，分散着各种各样稀奇古怪的角色，他们已经成为印度传奇故事和民间传说中家喻户晓的人物。毫无疑问，在记述故事的过程中时常会融入一些真实的历史，但其起止详情则不可能完全一致。要想对其出现的所有圣人一一进行谈论几乎是不可能的，但是选取一个例子，应该足以传达出其中的情趣，这些情趣是他们赋予众多故事传说的。

圣人与诅咒之间的联系，是一个经常会出现的特殊主题。在许多情况下，圣人要么诅咒要么威胁人类。显然，一些圣人被认为拥有神奇的力量。例如，圣人帕茹阿沙尔（Parasara）在渡轮上引诱一个女孩儿。女孩儿害怕他会诅咒自己，但是他念咒召唤起了浓雾，这样就没人能看得见他们。此次诱惑导致女孩儿怀孕，并产下另一个圣人——兑帕亚纳（Dvaipayana），不可思议的是女孩儿仍是处女，并因此邂逅而获得了特殊的香味。另一种情况，一个在森林中狩猎的国王发现两只正在交配的鹿，并向它们射了几支箭。随后他惊讶地发现，他们其实是圣人卿达玛（Kindama）和他的妻子以动物的形式调情！在这种情况下，尽管诅咒会显得有些苛刻，但诅咒真的随之而来了。

在某种意义或其他意义上讲，关于圣人性行为的特点会出现在很多故事中。巴尔杜瓦佳（Bharadvaja）在看到裙子被风吹起的漂亮女人时会非常兴奋，然后就把精液射进一个木桶里。结果，他名为德罗纳（Drona，意为木桶）的儿子便出生了。圣人也会表现出一些令人意想不到的技能。例如，博瑞哈达萨（Brihadasva）擅长赌博；毛密先人（Lomasa）能够进入天堂并与已故者交谈。有些人，例如萨瑞卡（Sarika）显然过着一种更传统的禁欲主义生活。但这可能会带来麻烦。国王因萨瑞卡拒绝回答自己的问题而被触怒，但像很多禁欲者一样，圣人已发出了要保持沉默的誓言。

在印度的所有圣人中，其中的少数会被看作一个特殊的群体：例如七仙人（Saptarishi）。在此我将称他们为七仙人以避免与其他"七贤"群体混淆。七仙人中部分会出现在《摩诃婆罗多》中，但有些不会。有些还会出现在不同的版本中。最早的一个版本出现在《广林奥义书》（*Brihadaranyaka Upanishad*）中，或许著于公元前500年之前。在这本书中，这七位圣人拥有人类的头部、两只眼睛、两个耳朵、两个鼻孔和一个舌头。他们也与在大熊星座发现的七颗星相联系。尽管有不止一种解释，但是显然数字七被认为是很重要的。

以《广林奥义书》的名单为例，我们就书中出现的每位圣人稍作讨论。安特瑞（Atri）写了赞美诗并创作了法律方面的著作；维斯萨（Vasistha）不仅被认为创作了类似的著作，而且还拥有一头能够满足人们愿望的魔法牛；维斯米特瑞（Visvamitra）是维斯萨强大的对手，许多故事都讲述了他们之间不和的关系；巴尔杜瓦佳（已经提到过）是赞美诗的作曲家，加玛达尼

（Jamadagni）亦是如此；高特马（Gautama）写了关于法律的作品；最后谈到的卡斯亚帕（Kasyapa）是蛇、恶魔、鸟和爬行动物之父。值得注意的是，他们绝大多数人的共同点都是赞美诗或其他作品的作者。这七位圣人和许多其他人的名字都出现在统称为《吠陀本集》（Vedas）的印度教的神圣文本后面。他们的智慧和作品的智慧是密不可分的：前者是后者的保证，后者是前者的果实。

另一个明显经常出现的主题是某种魔法力量，这也是许多中国神仙的特征。显然，拥有智慧是非同寻常的，从不同寻常到超越自然就非常简单了。最后，需要注意的是印度圣人绝非老古董。当今圣人或圣贤的名号仍然为人所传颂，有关魔力的故事也广为人知。当今人们仍然赋予或享有圣人或智者（maharishi）（大圣）的称号，而且魔法力量的故事并非是未知的。

以诺的智慧

以诺（Enoch）是《圣经》的《创世纪》中的一个神秘人物，他以非同寻常的智慧而闻名。数世纪以来，人们把越来越多的成就归功于他，书籍要么以他的名字命名，要么与他相关。如果我们把以诺的经历看作异于其他传奇人物的智慧进行研究，那么这将有益于把已经出现的线索与新的线索结合在一起。

据《创世纪》记载，以诺为雅列（Jared）之子，玛土撒拉（Methuselah）之父。玛土撒拉出生后，以诺便与神同行三百年。同行结束之时，他已 365 岁，神将他带走，他便不在世了（《创世纪》5：22-4）。这些少数古怪的言论创造了一个完整的以诺神话。有些人解释说，"他与神同行"是指他与上帝极其亲近，也许进入了天堂并与天使交谈，也许如学生一般跟随上帝左右。从这点看，以诺已经知悉透露给他的神圣智慧就很有可信度了。他"被带走"的说法，被解释为他没有死亡，这进一步证明其地位高尚无比，以诺的名字威力无穷。

有一部文学作品的整个体裁和主体，都围绕着可能透露给以诺（和其他人）的内容展开，这部作品已被称为《启示录》（apocalyptic, apocalypsis, 希腊词义为"启示"）。原则上，神可能允许人们知晓很多事情，但在实践中，启示性文学有一个非常主流的主题：世界的尽头。天使们告诉以诺，世界将如何以及何时结束。他们透露，对历史来说，有一个道德准绳，恶人在末日审判中将因罪恶而受惩罚，善人定将进入新的天堂和新的人间。

天使的教育范围并不仅仅局限于历史方面。天使们还告诉以诺关于自己的一些事情，例如他们的名字、组织方式以及他们的工作。他们告诉以诺他所生活的世界中的一切，以及关于太阳、月亮和星星的一切。他们特别强调了日历。一些归功于以诺的著作似乎在犹太世界日历改革运动中发挥了作用，其发生在公元前10世纪末期。天使们向以诺透露，一年有364天，当时这显然并非全部教派的立场。为了支持这一立场，援引以诺之名，显然是为了使其更具权威性。

据说，以诺按照天使的吩咐创造了366本书。天使似乎也已教他如何写作，人们认为是他把书面文字带回了地球，而且百科全书可归功于他的那些知识。根据一位古代历史学家所说，以诺"通过天使之神学到了一切，因此我们获得了自己的知识"。[9] 人们不仅把以诺视为许多问题的权威，也把他视为天文学和占星术等整个学科的创始人。

虽然以诺的声望是在犹太教这个特定背景下产生的，但传播范围远不止犹太教内。例如基督徒开始相信他对于世界末日具有重要影响。摩尼教教徒和诺斯替教教徒都对他评价很高，因为他们都被认为是神圣智慧的启示者。有些人认为以诺是赫尔墨斯·特利斯墨吉斯忒斯（Hermes Trismegistus），而一些穆斯林则认为他是神秘的易德立斯（Idris），其在《古兰经》中简要地出现了两次。

以诺的个案研究，汇集了一些在其他背景下出现，并且与智慧相关的不同主题。他有百科全书式的知识，与上帝有特殊关系。人们认为是他发明了写作，或者至少传播了写作知识，并且还将其他天赋带给了人类。因为天使向他展示了未来，他才得以拥有预言的才能。[10]

忒瑞西阿斯、曼托和摩普索斯

如果以诺拥有预言的才能，那忒瑞西阿斯（Tiresias）则是整个家族拥有此项能力的首领。他也许是古希腊最伟大的先知，有着独特的经历。当他是年轻小伙子时遇到了两条正在交配的蛇。由于某种原因，他决定对此进行干预，但因为一些更模糊的原因他变成了一名女子。几年后，他经过同一条路，看见同样的事情。再次干预，然后又变回了男子。这给了他一个特别的生活视野，所以当宙斯神跟他的妻子赫拉争论有关性生活的问题时，他们决定向忒瑞西阿斯咨询，因为忒瑞西阿斯在男女性生活方面都有经验。赫拉不喜欢他说的话，于是让他变得双目失明，但是宙斯喜欢这番话，并赐予他预言的本领以及长寿的生命。故事的另一版本说，是雅典娜把这些天赋赐予了他，从而使得他的预言与智慧的联系更加明确。他预言的能力有时也被解释为能够理解鸟类语言。很长一段时间内，他都是当时最著名的预言家。去世后，他在奥尔霍迈诺斯（Orchomenos）有一座神庙，而且应奥德修斯之邀继续在地狱中做预言家。显然，他因智慧享有的名誉与他预言的才能是有明确联系的。

忒瑞西阿斯有一个女儿叫曼托（Manto）。由于"曼托"与希腊语"预言"极其相似，所以尽管有几个有关她的故事，但她似乎仍然像谜一样。据说她跟父亲一样拥有预言的本领，且很长一段时间内在德尔斐的阿波罗神殿修炼技能。上帝随后把她与她的儿子摩普索斯（Mopsus）送去了克拉罗斯（Claros），然后他们在此建立了一座神庙。之后摩普索斯继续在马卢斯（Mallus）［或马勒斯（Mallos），克拉罗斯和马勒斯都位于现今的土耳其］建立了自己的神庙。而在马卢斯的另一座神庙是属于安菲罗科斯（Amphilochus）的。据说两人吵架闹翻了，但鉴于两人都是预言家，因此将这视为一种"智慧竞赛"会更有吸引力。尤其据说摩普索斯与另一位预言家——卡尔克斯（Calchas）早期进行过占卜比赛。与忒瑞西阿斯一样，曼托和摩普索斯与智慧的联系显然是他们能够看到未来的能力，尽管将要对曼托的介绍，比在此已经介绍的稍微多一点，但是摩普索斯呈现给人们的是更加全面复杂的人物。据说他已统治了科洛封（Colophon）（在克拉罗斯附近），且对建立阿斯潘多斯（Aspendos）和帕吉（Perge）这两座城市做了贡献。有些学者认为一个名叫穆科舒氏（Mukshush），其名字在出土于古代赫梯（Hittite）首都赫梯沙（Hattusha）的材料上出现过，可能与摩普索斯是同一个人，这意味着他也许生活在公元前 9 世纪。[11] 无论如何，真实日期的真人真名已把我们从传奇世界带入了历史中，而这就是下一部分的主题。

虽然本部分所有的角色都享有智慧的声誉，但由于其真实性很低，所以这样的角色在现实生活中很少出现。以诺上知天文下知地理，曼托甚至不具备这种智慧，兔八哥和大笨狼怀尔是卡通人物，但提到的许多其他人也大都未超出这两个维度。我们不难发现为什么八仙仍被人们铭记和尊敬，因为他们至少还有为人所公认的人性的一面，尽管这指的只是他们的成就。文化英雄和骗术师的组合已被证明存在问题，但对此我们还有望解决。骗术师就像一个孩子，不断地突破底线，不断地问"为什么？"，而且永远得不到他们想要的答案。也许文化英雄和骗术师的组合在某种程度上提醒我们，不管我们多么想要成为像文化英雄一样的人，在实现的过程中总会有重重阻碍。

很难讲本部分有多少人物和故事存在历史依据，很可能这里提到的许多名字也都来源于真实生活中的真实人物。即便如此，很多也已经在长期的流传过程中被湮没了。虽然在某些地方历史与传说的界限非常模糊，但在下一部分将会直接将重点转移到其历史的一面。

《竹林七贤图》（*The Seven Sages of the Bamboo Grove*）

出自 18 世纪日本人礒田湖龙斋（Isoda Koryusai）之手。它展示的是在男童陪伴下七贤正欣赏画卷。在其他地方他们都以欣赏交谈艺术而闻名，这似乎也是此处所要表达的主题。

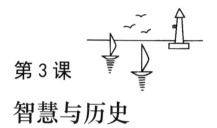

第 3 课

智慧与历史

>>> Wisdom: A History <<<<<<<<<<<<<<<<<<<<<<<<<<<<<<<<<<<<<<<<<<<<<<<<<<<<<<<<<<<<<<<<<<<

很显然，从整个人类历史中挑选出几个颇具智慧的人是一项极具挑战性的任务。本堂课挑选智慧人物的标准为：在这些智者生活的年代里或者他们死后不久的时间内，当时的人们是否认为他们是有智慧的人，或者这些人是否被很明确地定义为智者。虽然按照这一标准或许会遗漏许多以智慧闻名的人，但这至少提供了一个比较客观的衡量尺度。根据这一标准我们也发现了一群有趣的人。根据这些适当标准，在本堂课中有许多有待商榷的人物不包含在内，也有许多智者符合这些标准，但是我把他们放在后面章节另行介绍。本堂课同样也没有介绍的还有琐罗亚斯德、佛陀和耶稣。举出这些例子最主要的是要厘清他们在历史上所扮演的角色。比如，一本关于佛教国家历史的书中写道："可以从三个角度解读佛陀：佛陀是一个人；一个精神原则；或者是介于两者之间的事物。"[1] 虽然这可能是佛教教义的准确释义，但是从历史角度看，对人们理解其含义并无益处。同样的问题也出现在耶稣身上，基督既是人也是神，因此既有历史性又有永恒性。至于琐罗亚斯德，学者对他生活在哪个年代的估计甚至相差 1000 年。面对这些问题，最简单的解决办法应该是忽略这些问题，不选取这些有争议的人物。幸好仍然有足够的材料可供选择。

伊姆霍特普和所罗门

虽然伊姆霍特普（Imhotep）和所罗门都是传奇人物，各有特色，但是有关他们的故事却具有明确的历史定位。伊姆霍特普死后被尊崇为神，许多罗马皇帝也同样被视为神，他们的名字理所当然地经常出现在历史作品中。所罗门死后，关于其名声有许多有趣的评论，但这并不妨碍他的生活。

伊姆霍特普生活在埃及历史的早期阶段，他的伟大纪念碑就坐落在塞加拉（Saqqara）的阶梯金字塔。相传该金字塔是伊姆霍特普为埃及法老乔赛尔（Djoser，公元前 2668—公元前 2649 年的埃及统治者）所建。这是人类建造的第一座完全用石头构成的建筑物，至今数千年而不倒。很明显，乔赛尔在许多方面都要依靠伊姆霍特普，所以他曾担任过数个要职。伊姆霍特普身份众多，他曾担任管理者、司库、神父、顾问等等。据说他写过一些作品，但都没有留存下来。他也可能是一名医生，许多人在他死后仍慕名而来，在他的墓地朝拜祈求安康。希腊人逐渐认为伊姆霍特普就相当于他们的医神阿斯克勒庇俄斯（Asclepius）。形成这种观念的原因是这两位精通艺术的人能使病人通过做梦缓解病情，甚至完全治愈。

伊姆霍特普取得了许多非凡成就，后人认为他绝非人类，因此将他视作造物神卜塔（Ptah，伊姆霍特普曾作为一名神父为他服务）留在人间的儿子。伊姆霍特普直到他死后几个世纪才被奉为神明。伊姆霍特普才识渊博，学富五车；在当时，他通晓的知识量堪比百科全书。在古埃及，或许是文士的身份把他与智慧紧密联系起来。虽然不能确定，但是他与托特神似乎密切相关。精通其他艺术和技能只会使他看起来更具智慧。

如果说伊姆霍特普是因为他父亲身居官位得以生活不错，所罗门则是因为他生来就是国王的儿子。所罗门生于公元前 1000 年左右，但是他不是大卫王的长子，所以想要得到王位就不得不采取一些手段。所罗门统治埃及 40 年，是历史上最富裕的国王。但是所罗门王晚年曾一度骄奢淫逸、挥霍无度，留给了儿子一个分裂的王国。所罗门死后，王国分裂为南方犹太王国和北方以色列国。这种情况，对任何一位君主而言都不能称之为"伟大成就"，对于一位明智的君主而言就更是如此了。然而，所罗门的确与智慧有关，以至于在其死后几百年，以他为题材创作的书也是为了借助他响亮的声誉获取利益。成千上万的谚语都出自他，尽管这些谚语可能并非全部出自他的手笔。人们通常认为谚语多出自智者之口，显然所罗门是该项荣誉的一个不错人选。

据《圣经》记载，所罗门加冕后上帝出现在他的梦里，并问他想要什么。所罗门说他想要的是"一个有悟性的头脑"帮助他"辨别善与恶"（《列王纪上》第 3 章第 9 节）。[2] 上帝便赐予他一个智慧和精明的头脑（《列王纪上》第 3 章第 12 节）。[3] 这里也明确指出，当所罗门明明可以索要许多其他事物（如财富、长寿或成功）时，他却选择了智慧，这一点也令上帝感到十分欣喜。

在《圣经》中，这个故事直接引出了有关所罗门最著名的轶事。这个故事讲的是所罗门对一起纠纷的判决。在此案件中两个女人争论不休，她们都声称是那个孩子的母亲，于是请求所罗门做出判决。所罗门下令把孩子劈成两半，这样她俩就可以一人一半了。一个女人同意这么办，而另一个女人则祈求他不要杀死小孩。所罗门判断这个有同情心的女人才是孩子的母亲，并把孩子还给了她。

这只是体现所罗门智慧的其中一个故事。据说当时，对于所罗门的判决每个人都赞叹不已。虽然这只是一个简单的故事，却足以打动人心。一个国王经常被请求主持公道，伸张正义，面对两位女性不可调和的纠纷，所罗门必须找到解决之策。他的解决之道可以被看成是想象力的创造性飞跃，旨在追寻事情的真相。这似乎就是令当时的人感到震撼的地方吧。如果两个女人都乞求国王不要杀死小孩的话，情况又会怎样？这就是另一回事了。有关禅宗故事中有一个类似的案例：

当南泉（Nansen）看到寺院里两个和尚因为一只猫的所有权争吵时，他把这只猫放在他们面前，并称："如果你们为这只猫说句好话就能救下这只猫。"他们都沉默不语，最终这只可怜的小猫成了他们犹豫不决的牺牲品。[4]

所罗门的声誉也有不好的一面，这可能与他学识渊博有关。《古兰经》说所罗门能指挥人类、灵魂和鸟类，他也拥有比风还强大的力量。[5] 然而，所有这一切都是可以理解的，这反映了人们一般都会把所罗门与超自然领域的事物联系在一起。公元1世纪约瑟夫斯（Josephus）写道："所罗门也能使用咒语来驱魔、影响治疗。"[6] 这种说法将他完全置于魔幻的境界，《所罗门的钥匙》（*The Key of Solomon*，创作于14或15世纪）是一本有关魔法的书，也提到了所罗门的咒术。至于什么时候以及为什么所罗门会与魔法有关尚不清楚，但这种关联需要追溯到很久以前了。这种关联是否会因为所罗门的智慧或其他原因变得更加密切还很难说，但可以肯定的是，几个世纪以后所罗门被视为了智慧的代言人。

古希腊七贤

之前我们已经提到过古希腊有七位圣贤。为什么这七位圣贤极具魅力至今仍是不解之谜。或许阿普卡卢能给出一些答案，也许这个传统比这七位圣贤存在的时间还久远。无论如何，即使在这七位圣贤中我们只对其中某些比较熟悉，但我们至少是站在历史的角度了解古希腊七贤。虽然人们总是说有七位圣贤，但究竟是哪七位还不能确定。二十多个名字出现在各种名单上。现存最早的名单是在《普罗泰戈拉篇》（*Protagoras*）中发现的，这本书是柏拉图在公元前400年左右创作的。名单上所有的人（以及每个名单上几乎所有的名字）都是生活在公元前7世纪或公元前6世纪的人。正如柏拉图所说，名单上的所有人都有可能会在德尔斐出现，而公元前582年这个预言已经成真了。[7]从柏拉图那里可以看到这七位圣贤分别是雅典的梭伦（Solon of Athens）、斯巴达的奇伦（Chilon of Sparta）、米利都的泰勒斯（Thales of Miletus）、普里耶涅的毕阿斯（Bias of Priene）、林迪的克莱俄布卢（Cleobulus of Lindos）、米提利尼的庇塔库斯（Pittacus of Mytilene）和米松（Myson of Chen）。

所有留存下来的名单中都有泰勒斯、庇塔库斯、毕阿斯、梭伦，因此从这几位贤者开始介绍是比较合理的。泰勒斯经常被视为第一位"西方"哲学家，而且他似乎预测了公元前585年的日食，这在西方哲学史上是第一个相当精准的日子。在现代人眼里，泰勒斯更像一位科学家而不是哲学家，因为他对世界是如何产生的以及世界是如何运转的特别感兴趣；庇塔库斯被视为明智的统治者和立法者；毕阿斯擅长演说，以及为那些被冤枉的人辩护；梭伦对雅典的法律进行了改革，此外他也是一个有天赋的诗人。在柏拉图名单上的其他圣贤中，克莱俄布卢是最不起眼的，他以撰写诗歌、警句和谜语而闻名。当时，米松在阿波罗的神谕中被视为世上最聪明的人，生活非常简朴。最后这位圣贤奇伦因其为人诚信并能提供良好的忠告闻名于世。

为什么这些人被视为有智慧的人？他们展现智慧的方式是否相同？或者是

否比其他人更明智？要判断这些并不容易。然而，米松也许是个例外，因为在神谕中就将他视为最聪明的人，正如柏拉图年代的苏格拉底一样。很显然这个问题也使柏拉图感到困惑，于是他想找到一个答案并给出了一个有意思的回答："他们都钦佩斯巴达文化，他们的智慧可被视为属于同一范畴，即都包括出自他们之口的言简意赅、发人深省的名言。"[8]［斯巴达的一个古老的别称是拉哥尼亚（Laconia）］，斯巴达人自古就有用几句话表达自己的习惯，这个习惯是"laconic（简洁的）"一词的起源。我曾经认为这个解释纯粹只是柏拉图单方的想象而已，但现在看来我应该认真思考柏拉图的这个想法了。

谚语可能就是以言简意赅、令人印象深刻的方式表现出来的有智慧的言论。正如之前我们介绍所罗门时看到的（也将在其他情况下看到），谚语通常会被认为出自智者之口，这可能是一种不可阻挡的趋势。这种趋势并不仅限于谚语，智慧文学往往与智者有关。我们已经看到印度圣贤为印度教经文的创作奠定了基础，在合适的时候我们也会列举其他的例子。假如当这七位圣贤在德尔斐出现近 200 年后，柏拉图才创作《普罗泰戈拉篇》的话，那么很可能柏拉图只是反映了他们那个时代的常识而已。

在普鲁塔克（Plutarch）描述梭伦生活时，他给出了另一种解释。普鲁塔克说除了泰勒斯外，其余圣贤都是成功的政治家。事实上，泰勒斯也有可能为他家乡米利都的繁荣发展做出了贡献。没有人曾断言这七位圣贤都是政治家，但是通过他们的建议、领导能力、辩护能力或法律改革，都可以看出这七位圣贤为他们生活的地方做出了贡献。而且在他们生活的年代，谏言者、立法者、改革家这些角色尤其与智慧密切相关。

柏拉图和普鲁塔克都试图根据他们所分享的内容，对这七位圣贤被称为智者的原因做出解释，但是两人对这个问题做出的解释是在有限的条件下进行的。有可能这七位圣贤中的每一位都是智者，但这并不一定意味着他们呈现智慧的方式是一样的。

竹林七贤

现在我将在此介绍最后七个圣人。竹林七贤是公元 3 世纪生活在中国的七位道教人士。嵇康是竹林七贤的核心人物，他是一位诗人和音乐家。传统说法认为"竹林"是他们聚会的场所，位于嵇康的寓所附近。虽然完全还原出历史事实并不容易，但据说他们远离朝堂和政治上的钩心斗角，退隐乡下过着更加简单而美好的生活。他们经常聚在一起"讨论哲学、创作诗歌、把酒言欢"。[9]他们大都是学者或艺术家，或者兼具这两种身份。

嵇康耗费许多年去旅行和研究道教，之后才与他的妻子在竹林旁的房子里定居下来。刘伶是竹林七贤中人物形象最丰富多彩的一位圣贤。据说他的身旁总是有一个手里抱着一瓶酒、扛着一把铁锹的仆人陪同。这瓶酒是为他口渴时准备的，一旦他醉死了，铁锹是用来给他挖坟墓的。人们认为"世间之事好似水中浮萍，漂泊不定"[10]，这句话就是刘伶醉酒后说出来的。在家里，他通常任性放诞，赤身裸体，这往往让来访者十分震惊。为此，刘伶便解释道："我把天地当房子，把房屋当裤子，诸位为什么跑到我裤子里？"[11]其他两个人，阮籍和阮贤，也喜欢喝酒，他们用大酒瓮装酒，有时与猪共饮。竹林七贤的其余三人为向秀、王戎和山涛。

据了解，他们其中有些人如王戎，最终重返尘世；有些人如嵇康却拒绝这样做。他们七个聚在一起向世人展现了一种怡然自得的生活方式，这与他们曾摒弃的世界所期望的生活方式形成了鲜明对比。在尘世中生活必须遵循世俗礼法，于是他们选择远离尘嚣、拥抱自然；在尘世中生活必须保持清醒、步步为营，于是他们宁愿肆意酣畅、把酒言欢。他们这种不拘世俗、怡然自得的田园生活成为中国文学艺术创作的热门主题，也成为那些放浪形骸、无拘无束之人争相效仿的典范。同古希腊的犬儒主义者一样，道家的自然家园遗世独立："道家无法想象，一个真正有智慧且圣洁的人愿意卷入那些政治家和官员必须处理的世俗事务之中。"[12]

我认为对这一点还可以做进一步阐释。圣人通常被定义为一个目光长远的旁观者。如果智者是那些洞若观火的人，党派之争是源于有的人一叶障目，那么智者便是能统揽全局、超越党派偏见的人。如果大多数人都存在偏见，目光狭隘，那么聪明的人则能打破局限，高瞻远瞩。说所罗门是局外人似乎很奇怪，因为君主理所当然地被视为权威人士的领导核心。在政治上，所罗门显然不可能置身事外，这一点与其他统治者一样，稍后我们便会看到。但是在精神上，所罗门能够不拘泥于别人的观点，因此以智慧闻名。竹林七贤则完完全全是局外人，远离官场。他们就跟骗术师一样，乐于挑战世俗成见。

十位明智的统治者

想要猜出为什么法国国王查理一世被称为"秃头查理"，查理二世被称为"胖子查理"并不困难。但是想要猜出来一些统治者被称为"智者"的原因并不容易。在这里，我想介绍一些统治者的事迹（包括皇帝、国王、王子、公爵等等），包括发生在他们统治期间或退位之后的事情。为了简化内容，我把筛选范围限定在欧洲历史进程中，并且列出了十位可供选择的对象。其中有一些人或许被视为有智慧的人，但他们却不是什么"大人物"。

虽然我们对名单上的一些人只是粗略了解，但是很明显，他们之间有显著差异。虽然他们都被称为智者，但是他们展现智慧的方式看起来却不尽相同。正是因为这一点，按照"主题"来分别介绍这些人可能是最容易着手的，接下来我将从那些学识渊博的人开始介绍：

拜占庭皇帝利奥六世（Leo VI，886—912 在位），20 岁就继位为王。在 30 岁之前，他已经被称为"智者"或"最有智慧的人"。[13] 死后不久，他被誉为"占星家"和"预言家"，据说他还创作了一本预言书。这一点与所罗门有些类似。然而，他主要被视为一个具有非凡才智和学问的人，同时也是一位法律改革家。利奥六世还是一个多产的作家，写了许多诗歌和赞美诗，还有一些他亲自在圣索菲亚大教堂宣讲的布道辞；该大教堂被称为"神圣智慧教堂"，如今仍屹立在伊斯坦布尔。可是利奥六世在私生活的某些方面就缺乏智慧。在当时，严格地来说结三次婚就已经是非法的了，但他结过四次婚。

阿方索十世（Alfonso X）是卡斯蒂利亚国王（1252—1284 在位）。他学识渊博并推动了托莱多翻译院的发展，在这里汇聚了来自基督教、犹太教和伊斯兰教的学者。在战场上，他对穆斯林毫不留情，阿方索十世为再次征服西班牙的基督教王国发挥了重要作用。尽管阿方索十世在法律改革方面没有取得显著成就，但他与利奥六世一样，也是一个法律改革家。虽然阿方索直到逝世都是名义上的国王，但其实在 1282 年他的儿子成功推翻他的政权后，阿方索就没有实权了。与所罗门一样，阿方索的政绩也乏善可陈。

关于阿方索还有许多可以讲述的事迹。据说他曾说："创造世界时如果有人问过他的意见，他会使世间万物更井然有序。"[14] 虽然他对此做出的实际贡献并不明了。阿方索最著名的作品是《圣母玛利亚歌曲集》（Cantigas de Santa Maria），其中包括 400 多首乐曲。这些乐曲虽然也涉及一些欧洲其他地区的故事，但是所汇集的主要还是来自西班牙不同地区的故事。这些歌曲主要讲述人间奇迹，但也有一些与阿方索自身的生活有关。到底有多少话、多少音乐作品来自阿方索尚不清楚，但是在创作这些作品时他一定给予了指导。最后，需要注意的是他对天文学的兴趣。在 1935 年，阿尔芬斯（Alphonsus）环形山就以热爱天文学的国王阿方索的名字来命名并以此纪念他。

查理五世是法兰西国王（1364—1380 在位）。他以其智慧和虔诚而闻名。查理五世拥有一个私人藏书超过 1000 册的图书馆，并为此感到自豪。他并不仅仅限于收集书籍，他像阿方索一样也对翻译书籍感兴趣，通过翻译使书中所包含的知识能传递给更多的读者。为此，国王对尼古拉斯·奥雷姆（Nicolas Oresme，1320—1382）从事的把亚里士多德的作品从拉丁语译成法语的翻译活动给予支持，并提供保障。尼古拉斯既是哲学家又是数学家。后来，在国王的提携下，他成为大主教。与其父约翰二世（俨然一个可悲的统治者）和其子查理六世（绰号"疯王"）相比，查理五世显然称职得多。他和阿方索一样，对翻译项目的支持使得人们认为查理五世比较喜欢向他人学习。

奥地利公爵艾伯特二世（Albert Ⅱ，1330—1358 在位），发现自己也在智者的行列或许会使他感到十分幸运。大概在其继位时，他的双腿已经残废了，因此艾伯特二世最初被称为"瘸子艾伯特"。他给当时的人留下了十分深刻的印象，因此在他执政的后期阶段被称为"智者艾伯特"。就我们对艾伯特二世统治时期的了解，要确定到底是哪些具体成就为他赢得了他后来的声誉并不容易。然而很显然，与利奥、阿方索和查理一样，艾伯特二世在当时一定比一般人更有学识，这可能已经足以说明他为什么被称为"智者"，或者这为我们弄明白他以智慧闻名的原因提供了一个好的开端。也有可能是因为与同时代的人相比，他比较与众不同："在那个满是迫害偏执的时代，艾伯特展示了难得的宽容和人道。"[15]艾伯特二世是哈布斯堡王朝的早期成员，该王朝统治中欧地区长达几个世纪。如果不是因为艾伯特只是一位公爵，他的后代都会成为皇帝。但是哈布斯堡王朝的所有统治者没有一位可以称得上"智者"。

腓特烈三世（1486—1525 在位）被称为"智者"的原因或许也是由于他以"宽容和人道"闻名。他是德国宗教改革时期一位重要的政治人物。1502 年，他在其官邸所在地维滕贝格创建了维滕贝格大学，并聘请宗教改革的领袖马丁·路德（Martin Luther，1483—1546）和梅兰希通（Philip Melanchthon，1497—1560）主持学院。当马丁·路德受到新教皇利奥十世（Pope Leo Ⅹ）迫害时，腓特烈三世保全了他。人们认为他是一个正直统治者的同时，也认为他是一个虔诚的人。他也赞助艺术创作，比如阿尔布雷特·丢勒（Albrecht Dürer，1471—1528）、老卢卡斯·克拉纳赫（Lucas Cranach the Elder，1472—1553）都得到过老腓特烈三世的资助。1519 年，腓特烈三世本来有机会成为神圣罗马帝国的皇帝，但是他拒绝了，原因是他认为 56 岁高龄的他无法担此重任了。这可谓一个明智之举，因为其他人显然更想要获得这个至高无上的荣誉，假如他登上帝位可能会给他的生活带来许多困扰。

桑乔六世［Sancho Ⅵ，纳瓦拉（Navarre）国王，1150—1194 在位］和安茹的罗伯特（Robert of Anjou，1309—1343 在位）统治时期，这两位君主除了支持艺术创作这一明智之举外，很难看出来他们如何赢得了"智者"的称谓。

相比之下，黑塞－卡塞尔的伯爵威廉四世（William IV，1567—1592 在位）表现出来的智慧就更加明显了。他又是一位赞助艺术的人，与腓特烈三世相同，他也是路德教义的支持者。威廉四世对科学有着浓厚的兴趣，堪称一个敏锐的天文学家。正是因为他，卡塞尔成为天文观测中心，根据这些观察结果总结出的恒星目录表，在他死后才得以出版。其中的许多发现都要归功于威廉四世个人。作为统治者，他保证了经济平稳运行、避免了战乱。综合以上几点因素，不难看出威廉四世是如何赢得"智者"名声的。

名单上剩下的两位人物存在更多问题。艾伯特四世（Albert IV）是巴伐利亚王国公爵（1467—1503 在位）。他哥哥去世后，艾伯特四世成了公爵，在此之前他曾在意大利追寻更为洒脱自由的生活。他选择回到世俗世界后完全投身于当时的争权夺势和钩心斗角之中。他留下的不朽的遗产是一部法律，该法律规定长子继承所有公爵的土地，这样就保证了公爵死后也不会引起分裂和冲突。最后一个是腓特烈二世（1544—1556 在位），他是萨克森选帝侯。不得不说，在本节所列举的所有统治者中，他似乎最担不起"明智"的称号了。

这十位统治者，在不到 700 年的时间里统治着欧洲的一个基督教国家（全部或部分）。他们中的许多人显然有的以学识闻名，有的以宽容赢得名声，或者兼具这两种品质并凭此闻名于世。他们显然都广受大众的好评，在某种程度上也表明了这些品质在公众眼里尤为重要。有的人或许是跟那些很明显不明智的人相比才显得很有智慧。当然，他们并非都是成功的统治者，这也许就是为什么他们虽然都被称为"智者"，却没有人被称为"伟人"的一个原因。

内萨瓦尔科约特尔

与当时欧洲的一些统治者相比，内萨瓦尔科约特尔（Nezahualcoyotl）是一位较为成功的统治者，同时也取得了许多其他成就。他名字的含义是"空腹的狼"，他是德斯科科（Texcoco，现在的墨西哥城东部的一个小国家）的统治者，在位时间大概从 1430 年到 1472 年。当德斯科科被阿斯卡波察尔科

（Azcapotzalco）邻近的城市侵占后，内萨瓦尔科约特尔年纪轻轻就被流放了。他花费很多年集结联盟，经过长时间斗争后最终夺回自己的王国。"文化黄金时代"的序幕由此拉开，内萨瓦尔科约特尔在这一过程中发挥了主导作用。作为统治者，他重新制订了国家的宪法和其他法律，建立了一个令人印象深刻的图书馆，并成立了一所音乐学院。他推动了公共建筑的建设，并对建筑有着浓厚兴趣。在当今德斯科科的城市边缘仍可以看见他所建造城市的一些遗迹。他还对天文学和占星术感兴趣。

有时候内萨瓦尔科约特尔也被视为宗教改革者，据说他为一个不为人知却又无处不在的神祇建了一个寺庙，在这里活人祭祀是绝对禁止的。他也被称为诗人和演说家，有些由他创作的诗歌流传至今。更重要的是，人们认为他是一个"tlamatini"（这是个纳瓦特尔语单词），其含义是"有知识的人"，但经常被翻译成圣人或哲学家。他所创作的诗歌中许多都是哲学诗："在诗歌中，他提出了来自世界各地的许多哲学家都十分关注的重大问题。比如：'人从哪里来？''死后又将去往何处？''人死后会重生吗？''人的一生究竟应该怎样度过？'"[16] 但是不得不说，他生前的所有行为方式并非全都值得别人效仿。比如，内萨瓦尔科约特尔派一个对自己忠心耿耿的人去战斗，其目的是希望他在战斗过程中被杀死，内萨瓦尔科约特尔想让此人的妻子变成寡妇，这样他自己就可以迎娶她了。

在内萨瓦尔科约特尔统治期间，似乎许多"智者"都慕名而来。在此期间，这里成为主要的中美洲文化交流中心。内萨瓦尔科约特尔逝世后，他的儿子内萨瓦尔皮利（Nezahualpill，绰号"禁食王子"）继承了王位。内萨瓦尔皮利跟他父亲一样也是一个诗人。然而与他不同的是，人们认为他儿子内萨瓦尔皮利拥有神奇的力量，比如变化成各种种类的动物。据说内萨瓦尔皮利可以看到未来，可以预测到在西班牙统治下将会发生的灾难。这两位统治者（这父子两个）都以一种切实有效且明智的方式治理了他们国家近百年。内萨瓦尔皮利去世不久，德斯科科便被西班牙征服了。在其死后很久，有传言说他仍然生活在一个遥远的洞穴里。这两位统治者（内萨瓦尔科约特尔和内萨瓦尔皮利）都成功地体现了各种各样与智慧相关的能力。

两位奇才

魔法通常与智慧相关联，而智慧通常被认为会带来神奇力量。在此，我想先介绍两位被同时代的人称为"奇才"的人。首先是赛蒙德智者（Sæmundur the Wise）或赛蒙德怀斯（Sæmundur fróði），起初被称为赛蒙德锡福森（Sæmundur Sigfússon，1056—1133）。虽然他很可能是一个历史人物，但是在他成长过程中有很多传奇故事，其中很多都是讲述他在多种场合中是如何以智取胜的。据说他在维滕贝格一所被称为黑暗学校的地方学习，这所学校得名于校内无窗，因此终日黑暗。"学校也没老师，学生用写满了火红字母的书学习，这些书只有在黑暗中才可阅读。"[17] 在此学习的人，他们直到完成了自己的课程才被允许外出，而这至少需要三年的时间。事实其实还有点平淡无奇，因为赛蒙德为了去教堂学习才离开了他的家乡冰岛，去了法兰西。他回到冰岛时，便成了奥迪的牧师。他是一个满腹诗书的人，并用拉丁文写了一本关于挪威国王的书。然而，后来的传说将赛蒙德变成了一个民间英雄，他是冰岛抵制丹麦统治的象征。他的神奇事迹有时跟骗术师的辉煌成就有相似之处。

我要讲的第二个"奇才"的身份可能会让人感到惊讶，因为他是托马斯·爱迪生（1847—1931）。他最初的研究工作是电报领域，负责进行很多改进工作。然而，真正使他名垂千古的是他于1877年发明的留声机。这看起来如此神奇，因为它为爱迪生赢得了"门洛帕克（Menlo Park）奇才"的昵称（门洛帕克是新泽西州的小镇，此地有他的实验室和作坊）。最初这个新发明非常令人难以置信，他们确信其中肯定有某种诡计。虽然爱迪生相继在美国注册了1000多项专利，但这项专利对公众想象力的影响是最大的。

可能很多人都会认为这项发明如此神奇，甚至有些超自然。很多不同的文化将创造的发明归功于上帝或神话人物，对于其他发明也是如此，例如陶轮。某些事物似乎超出了人类发明的力量，因此必须归功于其他一些原因。爱迪生的"魔法"是基于自然科学和艰苦工作（有时是他人的努力工作）的，但这丝毫没有减弱它让人吃惊的力量。对爱迪生生活和事业的记录比赛蒙德的更好更可靠，因此我们更难理解后者的魔法声望到底来自哪里。但就智慧的本质和成果而言，爱迪生的魔法至少可被视为是符合古老神话的。

两大圣贤

我们都曾看到过一些关于古印度圣贤的传说。然而事实是印度圣贤以及犹太人并没有灭绝，在这里我会以两个年代较近的人物为例。第一个人物是戴宾德拉纳特·泰戈尔（Debendranath Tagore，1817—1905），他是一位有名的父亲，他的儿子，罗宾德拉纳特·泰戈尔（Rabin-dranath Tagore，1861—1941）于1913年获得了诺贝尔文学奖，也声名显赫。"他伟大而高贵的品格以及他高尚的精神本质深深地打动了他的同胞们，因此他被称为玛哈希——伟大的圣人或者伟大的先知。"[18] 多年来，他的生活都离不开"梵天运动"（"梵志会"），这一运动旨在推动印度教的改革和现代化进程。1864年该运动解散后，他毫无争议地成为其中一个派系的领导者。他对印度教改革的态度可以说是激进的。他向来拒绝吠陀的权威，其为印度教最神圣的经文和一些基础教义，例如，因果报应。尽管戴宾德拉纳特·泰戈尔一直将自己视为虔诚的印度教徒，但是他的改革实际上阻碍了印度教的发展。1863年，他在加尔各答以北约100英里处建立了一个名为圣地尼克坦（Shantiniketan）的小型宗教收容所（"和平避风港"）。这个收容所吸引了一些志同道合的人，后来他的儿子将这个收容所发展成为了一所至今仍然存在的大学。

第二个人物是拉玛那·马哈希（Ramana Maharshi，1879—1950），他在加尔各答南部蒂鲁文纳默莱（Tiruvannamalai）的边缘，也吸引了一群追随者。拉玛那·马哈希原名文卡塔拉曼（Venkataraman），17岁时便有深厚的宗教经验，但被迫离开马杜赖（Madurai）附近那个他土生土长的乡村，去了一个质朴的小城镇。小镇里有一座宏伟的圣殿，坐落在阿鲁那佳拉（Arunachala）圣山脚下。在他搬入以自己名字命名的收容所前，他住过寺庙、树丛和洞穴。他十分有魅力，似乎天生就能吸引人和动物。拉玛那·马哈希也是一名老师，他的所有教学都围绕着一个思想：自我探究。在改变生活的经验中，他认为自己已经不在世了。然后他想："嗯，这个身体现在已经死了。他将被送到火葬的柴堆里，最后灰飞烟灭。但是，我会和我的身体一起死去吗？身体就是我吗？"[19]在自我探究中，他一直在问自己"我是谁？"，而自我探究的终点是自我认识，并且认为智慧与自我认识有关是一个很古老的观念。"认识你自己！"是在德尔斐阿波罗神庙设立的铭文之一。阿波罗将他的智慧播撒在帕那苏斯山（Mount Parnassus）下，因此拉玛那·马哈希被称为阿鲁那佳拉的圣人。

显然，戴宾德拉纳特·泰戈尔和拉玛那·马哈希有很大差别，但是他们每个人都认可某些东西，比如伟大的精神，深刻的理解以及特殊的智慧，这些使他们从众人中脱颖而出，从而成为伟大的圣人。

智慧之家

本章主要是关于个人的，但我现在想介绍一个机构。754—775 年，阿巴斯的哈里发（是伊斯兰阿拉伯政权元首的称谓）阿布·贾法尔·曼苏尔（Abu Jafar al-Mansur）当政，他于 762 年创建了巴格达市。他坚决认为他的新城市应该是一个学习之地，也应该是一个权力之地。他最先采取的行动中便包括邀请印度教徒访问他们所建的巴格达，此举为他们带来许多重要的文本。哈里发阿布是一个收藏家，他搜集各种各样的文本，并建立了一个图书馆来放置他们。因为许多人使用波斯语、梵语或希腊语，所以他们收藏作品的同时必须聚集翻译人员，以便将这些文本翻译为阿拉伯语。一经翻译，阿拉伯学者便可吸纳、开发和使用它们了。接受、执行和协调所有这些任务的机构被称为智慧宫，即智慧之家。"随着时间的推移，智慧之家组成了一个翻译局、一个图书馆、一个书库以及一个属于整个帝国的学者和知识分子的学院。然而，它的主要功能就是保护弥足珍贵的知识。"[20]这个机构的成就令人吃惊。每本关于科学或哲学的希腊书，但凡可追溯，都可以追溯到巴格达时期，并被翻译成了阿拉伯语。但这些翻译只是进一步发现和辩论的开端。

阿布·贾法尔·曼苏尔的继任者之一是哈里发马蒙（al-Mamun），他从813年到833年一直统治着国家。他在之前的基础上，正式建立了智慧之家。他发起了一个涉及绘制整个已知世界和天堂图片的重大项目。该项目提供了有史以来最好的世界地图。他要求研究人员计量了地球周长。在他统治期间，伟大的学者穆罕默德·伊本·穆萨·哈瓦里米（Muhammad Ibn Musa al-Khwarizmi，约780—约850）得以活跃在智慧之家。他的主要天赋是在数学领域，并用阿拉伯语写了第一本关于我们今天使用的数字系统，这一系统在印度得以发展。从很大程度上来说，我们称它们为阿拉伯数字的原因便是因为他。他的名字已经变成了"算法"一词，而他的一本书的标题给了我们"代数"一词（来自al-jabr，意思是"完成"或"平衡"）。

很明显，智慧之家主要是一个知识之家，一个整理和处理现有知识的地方，以及新的知识领域发展的地方。智慧之家的翻译活动在从亚洲传播到欧洲的知识中发挥了至关重要的作用，由阿方索十世在托莱多建立的翻译学院便要归功于它。在维护和恢复曾经在欧洲流通但大部分已被遗忘的知识方面，智慧之家发挥了关键作用。例如，拉丁学者对穆斯林数学家热衷的欧几里得几何知识知之甚少。欧几里得激发了哈里发阿布·贾法尔·曼苏尔的灵感，因此巴格达新城沿着几何线条设计。跟随他的人确信欧几里得的元素是从希腊语翻译成阿拉伯语的第一批文本之一。

几个世纪以来，巴格达和智慧之屋的重要性有所减弱。1258年，蒙古人解散城市时，最后的阿巴斯哈里发帝国被解散了。幸运的是，当时智慧之家的劳动者已经在开罗、大马士革和伊斯法罕等其他穆斯林学习中心取得成果。

与前几章一样，本堂课的目的之一就是展示各种已了解的对智慧的理解。我也尽可能通过选择那些被他们同时代或后代称之为聪明的人，让其来源更具说服力。似乎已经出现了至少三种类型的人。我所提到的竹林七贤、戴宾德拉纳特·泰戈尔以及拉玛那·马哈希，都有个性鲜明的精神层面。许多睿智的统治者和一些苏菲派圣人这样高贵的人，显然是博学之人。所罗门、古希腊七大圣贤、内萨瓦尔科约特尔和几位聪明的统治者都具有公共生活所需要的宝贵品质：他们或是好的立法者，或是好的法官，或是好的顾问。灵性、学问和治国之才被广泛认为是三种认可和表现智慧的形式。本章中讨论的许多都是诗人，而诗歌经常与智慧联系在一起。赛蒙德和爱迪生的才华是不同的，但魔法和发明与智慧都具有可靠的历史联系。或许这些能力和个人会比任何事物都令我们印象深刻，但很明显的是，智慧从各方面脱颖而出。其中一些方式可能具有文化背景：不同的文化影响不同的事物，我在这里讨论的所有文化都以积极的方式展现出来。智慧之家之所以重要，部分源于它处于一个文化的十字路口，它可以把对一种文化的学习变成对多种文化的学习。

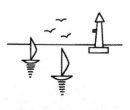

般若佛母（Prajnaparamita）

　　此为9或10世纪般若·克什米尔的青铜像。女神被描绘为智慧的完美化身。她出现时一般都伴随着强调其作为伟大导师的角色符号，其中最重要的是一本由梵文写就的书。

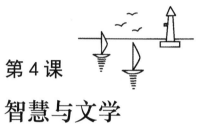

第4课

智慧与文学

Wisdom: A History

"智慧文学"通常用于表示《圣经》中的一小部分书籍，以及其他类似的作品。我称本章为"智慧与文学"，以此表明我正用更广阔的视野来对待事物。智慧究竟可以在多大程度上凭借自身能力以书面形式为人所获取或传播，这是一个有趣的问题。苏格拉底被称为希腊最聪明的人，但他从未写过任何东西。这样的事并非仅仅发生在苏格拉底一个人身上。我们了解的或自认为了解到的耶稣或佛陀的言语，全都是因为他人的著作。无论其价值如何，书面文字仍然及时凝固在那一刻，变得越来越远离它的创造地和创作期。除此之外，我们不能假设语言能够获取和传输所有我们希望获取和传输的信息。也许，话语根本不足以传达真正重要的内容。正如庄子所说，"如果智慧可被人们谈论，那么每个人都可奔走相告了"。[1]然而，语言和书面文字足以创造出令人印象深刻的文学主体，并使之与智慧产生密切的关系，对此我们深信不疑。

《奥义书》和吠檀多

梵语词"奥义书"，通常被理解为源于三个字，意为"坐在附近"，这让人联想到老师正给身边的学生传东西的场景。通常提及作品《奥义书》（*The Upanishads*）时，一般是指来自最早期印度哲学的文本集（传说共计 108 种，但事实多于此）。这些文本集有的长，有的短，有的是诗歌体，有的是散文体，所有这些都可能是由各种各样的匿名人士于公元前 800 年至公元前 200 年间创作的。"它们都是阅历丰富的圣人之言……他们的经验记录是任何宗教哲学都要考虑的事实。"[2]根据《剃发奥义书》（*Mundaka Upanishad*）记载，这些圣人经历了"那不可理解的……永恒不朽的、无处不在的、极其微妙的生活，也就是永垂不朽，智者将其视为生命的源泉"。[3]尽管对这段经文的翻译不尽相同，但他们一致认为其中涉及了智者从某个角度的看法或理解。明确的含义是，智者的特点是能够比其他人更深入地了解现实的本质。

如果《奥义书》被视为圣人对事物本质的描述，那么期待他们的描述与事实相符也就合情合理了，正统的印度教徒认为确实如此。然而，从这种各式各样的文本中选取一个一致的版本并非易事。那些声称能够这样做的人，或是依靠一种极具选择性的文本，或是依靠对某些段落的创新性解释，或者两者兼而有之。吠檀多便是从《奥义书》中选取的哲学性的一般术语。鉴于对《奥义书》的解读和理解有多种不同的方式，因此存在很多吠檀多哲学。

在《奥义书》中发现的不同文本并非简单的重复和概括。相反，他们的共同点是内容广泛且论述了许多不同的问题。这就是为什么很难从中选取单个文本版本的原因之一。然而对很多人而言，《奥义书》的重心，也就是他们的教学核心，与形而上学的问题相关，即根本性问题：世界到底是什么样的。《奥义书》所选择的立场简单、深刻并且明显。如果有一种精神渗透在宇宙的万物中，那它一定存在于我们身上，因为我们是宇宙的一部分。以圣人为例，他们便是如此。为了存在于个体之下的精神，《奥义书》用"婆罗门"（Brahman）这个术语来指位于所有实体和阿特曼（atman，灵魂）之下的普遍精神。所以圣人经历的是众所周知的婆罗门或阿特曼。这种基本信念支撑着大量的印度哲学，或者换句话说，大量的印度哲学解决了此信念的含义问题。

圣人的知识源于他们的经历，尽管《奥义书》（以及写在上面的许多评论）试图传达知识能像文字一样传播思想，但它从不假设文字足以取代经验。所以当《奥义书》寻求阐释圣人经验时，由此得出了允许人们模仿的技巧。笼统地讲，这些技巧可用一个词来概括——瑜伽。梵语词"瑜伽"指两个（或多个）事物的加入或联合。任何瑜伽仪式背后的想法都很简单：我们通过与事物取得联系来获得知识，并最终成为它。在《奥义书》的文本中，瑜伽是手段或方法，借此方法可以体现婆罗门或阿特曼的身份。

瑜伽有多种形式，其中一些仅仅为静心冥想。所有这些都是为了消除阻止我们看到真实情况的障碍。正如《广林奥义书》所说，其目的是要我们变得"冷静、自控、沉默、耐心和镇定"。[4] 在日常生活中，我们的认知被自己的欲望、利益和野心日复一日地扭曲了。我们正不断地从世界可以为我们做些什么这个角度审视世界。因此，《奥义书》可被理解为劝勉我们要过一种更加无私、少以自我为中心的生活。其原因不是说教形式的，而是务实的。自私是阻止我们看到事情真实面目的障碍之一。当我们正在寻找某个东西的时候，若只是在观看，那我所看到的要远远少于我在做的时候所看到的。瑜伽旨在剥离我们的认知，直到我们纯粹地意识到真正的自己为止。

这可能有点令人惊讶，因为我一直在智慧文学这一章中讨论《奥义书》，却很少使用其中的语录。不得不说，即使对于那些打算理解它们的人来说，《奥义书》也非常不简单，其中许多人都认为印度教和印度哲学方面的知识远不是一般读者（或作者）能理解的。因此，尽管可能会给出更多的直接引用，但释义、说明和解释也许更有助于达到沟通的目的。最后总结本节内容，我将引用《剃发奥义书》中的最后一段话。

> 先知们，因知识而心满意足。
>
> 当他们达到他时（即婆罗门），
>
> 便退却激情，如此宁静。
>
> 他们自己变得完美。
>
> 智者们，他们可以完全自控。
>
> 当他们完全达到他时，
>
> 存在于所有人心中的他，
>
> 他们进入这一切。[5]

《大般若经》和《中观论》

虽然意见众多，但至于佛教著作《大般若经》（Prajnaparamita）确切源于何时何地并无统一定论。然而据推测，比较合理的应该是在印度的某个地方，以及公元前 1 世纪的某个时间。这意味着《大般若经》的开始也许是紧随《奥义书》的结尾。"大般若经"一词通常被译为"完美智慧"，尽管"波罗蜜"也可被译为"终极"，但其代表着"完美"。般若的意思不那么简单。虽然它可指远非完美的理解形式，但在《大般若经》的文学背景下，它被更好地理解为对事物真实本质的洞察。因此般若、《大般若经》的完美也许可被描述为"对智慧的培养，这种智慧能让人们看到事物的本质"。[6] 我们已经看到，《大般若经》跟《奥义书》之间不仅有时间和地理方面的联系，而且还有哲学方面的联系。

尽管最早的《大般若经》作品也许可追溯至公元前1世纪，但作为一种文体，它持续存在了至少1000年，其在此过程中传播得既遥远又广泛。被称为《心经》和《金刚经》的两个最著名的佛教经文，便属于这种文体。与《奥义书》一样，经文的含义并不完全明了，而这在一定程度上是有意为之："印度传统认为，没有注释的圣书是不完整的。就《金刚经》而言，很明显单纯的翻译不可能传达其全部含义。"[7] 完整的注释出现在《金刚经》这样的文本中，但即使是最好的书面注释也可能需要一些说明。我们不该低估实际生活中的老师在神话传播中的重要性。若没有实际生活中的老师，无论是在原文还是后续的注释中，我们可能会变得过分依赖于死板的文字。

并非所有的《大般若经》作品都是完全令人费解的。被称为《般若八千颂》（即8000节）的作品包含了以下对《大般若经》有益的描述：

> 完美的智慧是全知的状态……
>
> 她为盲人带来光明，使所有的恐惧和痛苦都可能被抛弃……
>
> 她驱散了忧伤和黑暗的幻想。
>
> 她为那些已经在歧路上迷失方向的人指路……
>
> 她保护那些未受保护的人……[8]

人们可能注意到，此处的《大般若经》被拟人化为女神，因此引用了"她"。对佛教而言，这种拟人法并不罕见。作为化身，《大般若经》即是助推者又是保护者，但在严格的哲学术语中，它代表的完美智慧究竟是什么？

与《奥义书》一样，《大般若经》这部作品并非哲学性的宣传手册。其目的不是想要证明或说服什么，而是旨在像《奥义书》一样尽可能陈述作者的经历。他们讲述自己如何看待事情。最终，他们看到的是"事物的自我存在是空虚的，与使其得以存在的精神密不可分"。[9]此处的"自我存在"是自性一词的翻译，也可译为"本性"或"真实独立的存在"。具有本性的东西完全独立于其他任何东西的存在。但是，哪种事物可以说是拥有这种本性的呢？显然任何被创造出来的东西都缺乏本性，因为它的存在是依赖于创造物或创造者的。任何由两种或更多事物组成的混合物在一起也缺乏本性，因为它的存在取决于它的组成部分。

在《大般若经》著作，以及从其获得灵感的那些哲学思潮——《中观论》（"中庸之道"）中，经常遇到"空性"一词。《中观论》哲学体系的整个观点是要证明没有什么是"自我存在"的。换个方法来说，这个世界是"空"的自我存在。然而，这并不意味着世界的"存在"是空的，只是它的"本性"是空的。

世界的"本性"是空的，这一事实很重要，因为我们用语言来命名事物，以区分"A"和"B"，或者，更根本的是区分"A"和"非A"。一匹马不是一头牛，因为一匹马的"本性"不同于一头牛的"本性"，因此我们用两个不同的词来指代它们。但是如果事物没有本性，那么我们的言语便不受约束了。如果我们尝试用没有组织好的语言做事，那我们就可预料到它将出现意外情况。同样，我们使用的逻辑也是基于这样的想法：如果某物是"A"，那它不可能同为"非A"。这被称为矛盾律。《中观论》的一些文本将语言和逻辑推向了极限：

一切都是真实的，是虚无的，

一切既是真实的，也是虚无的，

一切既不是真实的，也不是虚无的。

此为佛祖的教诲。[10]

这是一个相当典型的经文，出自2世纪被称为《中观论》（"中观根本论"）的作品，其作者是最伟大的佛教哲学家之一——龙树。乍一看，它似乎毫无意义，更别说真实性了。如果它真存在的话，那该如何被理解呢？第一点要注意的是，这节经文是所谓的"四否定"。它列出了四个选项，分别为（1）一切都是真实的，（2）一切都是虚无的，（3）一切既是真实的也是虚无的，（4）一切既不是真实的，也不是虚无的。但是哪个选项（如果有的话）是正确的呢？有时，"四否定"被用来引入四个选项的"证据"，有时它被用来引入所有选项的"反证"。但是如果它们四个都可被"证实"，那它们不可能全部正确，因为它们彼此矛盾。另一方面，如果它们四个都不可被证实，那还剩下什么选项呢？因为所有可用的选项似乎都用尽了。无论"四否定"使用了两种方法中的哪一个，其目标都是相同的：把我们从自满中唤醒，让我们意识到，如果这是我们看待事情所用方式的结果，那么我们看待事情时一定用错了方法。

还有第三个选择。在某种意义上也可以说，一切都是真实的，因为即使没有任何"自我存在"，仍然还有存在。但在另一种意义上，一切又是不真实的，因为没有什么是"自我存在"的。类似地，一切东西都是在某种意义上是真实的，并且在另一种意义上是不真实的，同时也没有什么东西是在某种意义上是真实的，或在另一种意义上是不真实的。这种方法解决了矛盾，且让其变为唯一明显的矛盾：当两个不同意义的"真实"被识别和分离出来时，矛盾就消失了。这个解决方案具有哲学上的完备性，因为矛盾在哲学上是充满问题的。然而，如果我们将《中观论》哲学视为《大般若经》文学的分支或受其启发，那么文学的基本观点就是我们必须以不同的方式看待事物。只有当我们认为"四否定"无法解释时，我们才可能会采取截然不同的观点，继续前进。解决矛盾让我们变成自我。通过解决矛盾，当我们需要超越它的时候，自身便被给予了逻辑。

《奥义书》和《大般若经》的智慧（以及产生于它们的吠檀多和中观论哲学体系的智慧）主要集中和关注于形而上学。他们阐述了世界最终真正的样子，且向我们挑战，要求我们通过自身经历来验证这些陈述的观点。现在我想转向一种与众不同的智慧文学，与其说其中涉及了世界的样子，不如说涉及的是我们如何在世界中生活。

教谕文学

"首都监管大臣——普塔霍特普（Ptahhotep）的命令，在法老易色西的威严下永垂不朽。"[11] 我们熟知的最早的古埃及文学作品之一由此产生了，其采用《普塔霍特普教谕》的名字。易色西，更多的被称为杰德卡拉－易色西（Djedkare-Isesi），其在公元前 2414 年至公元前 2375 年间为埃及统治者。虽然普塔霍特普很有可能是这部作品的作者，但真相不得而知。正如所罗门等人指出的那样，因智慧享有盛誉的人们即使不是，或者不可能是作品的作者，但是人们仍可能认为作品是他们创作的。在此引文中的"教谕"一词是埃及词语"seboyet"的翻译，仅仅是指一部旨在教会读者某些道理的作品。然而，它与一种旨在教会读者如何生活的文学关系非常密切。这可以通过多种方式实现，一些教谕文学作品包括寓言、谚语以及那些可能被视为说教或训诫的作品，此类教谕文学多与该做什么和不该做什么相关。

无论是否真的是这样，教谕作品往往被写成好像一位父亲正将他积累的智慧传授给儿子一样。在以他的名字命名的作品中，普塔霍特普说自己正日益衰老，想让儿子准备接替他的高位。因此，他提供的大部分意见可能被认为具有专业性质："如果你是一个接受请愿的人，当听取请愿人讲话时，请谦虚……请愿人喜欢听者对其演讲频频点头，直到他结束了意欲传达的请愿。"[12] 在一个有时被称为《阿美尼莫普谚语》(*The Instruction of Amenemope*) 的作品中，还可以找到同样的有关父亲和儿子之间的惯例。尽管称其为《阿美尼莫普的教谕》更恰当，因为它的起始句是："生活教谕和幸福戒律的开始。"[13] 称之为《阿美尼莫普谚语》的原因非常简单：此作品一经翻译，学者们便会意识到，由阿美尼莫普创作的作品与《圣经》中的一部分谚语惊人的相似，这绝非巧合。由于涉及追溯两部作品的问题，所以我们不可能说出两者之间的确切关系到底是什么。但我们可确定的是，这种文学在古代埃及和西亚分布甚广。

阿美尼莫普创作的作品可能比普塔霍特普创作的作品晚 1000 多年，两者的作品内容有明显差别。虽然阿美尼莫普在一些排名中是作为一名专业人士（因为他告诉我们的便是如此），但是他提出的专业建议比前辈们少得多，一般而言其相当多的建议都是关于生活的。他的目标是"为生活方式设定权利，让自己在世界上取得成功……带领自己远离邪恶"。[14] 他的一些建议告诉我们，可疑的商业行为已存在数千年了："不要把天秤调重，不要对重量弄虚作假，也不要减少重量的数字。"[15] 诚实在所有交易中都很重要。最后，在整篇文章下边的一般所有信息都很简单：善良带来好运，邪恶终将受惩。

在阿美尼莫普之后约 1000 年，被称为《安肖桑基的教诲》（*The Instruction of Ankhsheshonqy*）的作品问世了。安肖桑基（Ankhsheshonqy）在此作品中的角色是一名被判处死刑的、聪明的内科医生。在执行前，他要求被给予书写材料，以便能够撰写一部教谕作品传给儿子。他的建议永远实用，如："不要为了生活好一点而去借需要支付利息的钱。"[16] 有些建议看起来非常令人困惑，如："不要嘲笑一只猫。"[17] 这大概是与巴斯泰托（Bastet）有关的迷信，其经常被描绘为是一个猫头的女神。希腊人用他们自己的阿尔忒弥斯女神（Artemis）来识别她，阿尔忒弥斯女神可能很容易被激怒。也许巴斯泰托有相同的声誉，她并不喜欢嘲笑。人们已经努力地整理了收集在《安肖桑基的教诲》中不同主题的不同语录。例如，有一组关于财富的格言，包括："寺庙的财富在于它的神圣……仓库的财富在于它的库存……智者的财富在于他的言论。"[18] 虽然对这个主题的处理不足以使文本系统化，但是很显然某些语录属于一个整体。无论他们之间的差异如何，所有教谕文学的一般目的是直接或间接地传达整体或部分的美好生活的，并帮助读者实现美好的生活。

更多来自埃及及其古代邻居的智慧作品的例子都可以拿来被讨论，但在这里我只讨论其中一个。一个名为《艾哈卡尔语录》（*The Words of Ahikar*），或《艾哈卡尔的故事》（*The Story of Ahikar*），或《艾哈卡尔的智慧》（*The Wisdom of Ahikar*）的作品在古代得到了广泛的传播。据说它的主人公艾哈卡尔（Ahikar），或艾哈恰（Ahiqar）是政府官员，为亚述王西拿基立

（Sennacherib）和亚述王以撒哈顿（Esarhaddon）服务，他们在公元前704年至公元前669年统治着亚述国。《圣经》之书《托比特书》（Tobit）曾提到过艾哈卡尔，据说其为托比特的侄子。在以艾哈卡尔命名的作品的描述中：他是一位老人，被国王逼迫推荐一个继任者。因无子女，艾哈卡尔便推荐了他的侄子——拿单（Nadan）。这个建议被采纳了，文本的下一部分内容是传统的教谕文学。接下来故事出现了意想不到的转机：拿单接管了他叔叔的职位，但随后便密谋反对他，并设法让他被判死刑。幸运的是，艾哈卡尔成功地摆脱了死亡的命运。在某些故事版本中，艾哈卡尔之后去了埃及，在那里他受到法老的考验，面临一些问题和谜语。艾哈卡尔每次都能获胜，并回到了亚述国。关于他侄子犯的错误，他为其长时间地讲经布道，后来拿单逝世了。与《安肖桑基的教诲》一样，《艾哈卡尔的故事》中的叙事元素在某种程度上仅仅是其中暗含的教谕的借口。事实上，《安肖桑基的教诲》的作者完全有可能对《艾哈卡尔的故事》很熟悉。将背景设置在亚述国的事实强烈支持其源于亚述国的观点，《艾哈卡尔的故事》虽然众所周知，并且存在很多版本，但无人能确定它起源于哪里。另一方面，《艾哈卡尔的故事》中的叙事本身就具有一定的娱乐价值，这无疑为其名气做了贡献。

《艾哈卡尔的故事》有许多不同的版本，最古老的幸存版本可追溯至公元前5世纪，人们在埃及发现了它，但其是用阿拉姆语书写的。其中的一些语录对他们来说并不陌生。在此，关于耳熟能详的谚语，有一个非常早的版本，如"省了棍子，害了孩子。不打不成器"，而"病从口入，祸从口出"也许一直都不失为很好的建议。[19] 还有给人印象更深刻的表达："我曾尝过苦涩的枸杞，吃过苦苣，但没有什么比贫穷更苦的了。"这听起来像对个人经历的呐喊。[20] 在豹子和山羊以及荆棘和石榴之间也存在富有想象力的讨论，这便是在智慧文学中发现的一种常见的寓言。

教谕文学历史悠久，地理分布广泛。设想人们的愿望是把有益经验传递给其他人，尤其是自己的孩子，好像很合理，这在人类历史上是一个相当普遍的现象。因此，没有理由猜想古代埃及的教谕文学会直接影响到其他文化的教谕文学。另一方面，正如在《艾哈卡尔的故事》中看到的那样，教谕文学似乎已经流传甚广，所以它，或与它类似的作品，肯定有可能已经传播到了一些非常遥远的地方。

相对较近的一个例子可追溯至 1925 年。印度北部的瓜廖尔的王公马达夫·拉奥·辛地亚（Madhav Rao Scindia）非常清楚那些注定要成为统治者的人应为等待高位做何准备，并将其观点列入他的《论统治者的教育与教养》（*Notes on the Education and Upbringing of the Ruler*）中。其中的一些评论可能直接来自古老的教谕文学作品，如："既不吝啬也不奢侈。说出真相，不要害怕……接受正义的事情，总是保持礼貌……尊重父母和长辈。"[21] 这里没什么专门涉及皇室或印度的，大多数人可能都会认为这是一个很好的建议。王公对婚姻的看法是"通常，为国家选择统治者或为孩子选择新娘和新郎都是由父母或监护人决定的"，这种做法在很多文化中都很常见。[22] 然而，在一个特殊的生活领域，王公有着许多人可能认为不同寻常的意见："男孩和女孩都应该每周被带出去进行一次射击，不得失败，数年后当他们进步以后，每年应花费不少于两周的时间进行老虎射击。"[23] 然而，在王公的世界里，狩猎发挥了重要的作用，他对此事的评论及时地提醒了人们教谕文学旨在帮助人们过上自己预期的生活。因此，一定程度的文化相关论应该毫不奇怪。

进一步向东移动，在北部的一些地方，我们遇到了一部相当不同的作品。萨迦·班智达（Sakya Pandita, 1182—1251）是西藏学者、政治家、教师和作家。他最著名的作品是《智慧之宝本释》（*A Jewel Treasury of Good Advice*），此作品至今仍被西藏地区、印度和不丹用于教学。作为一名学者，他熟悉除自己语言以外的各种语言的作品，《智慧之宝本释》则是众多不同来源的汇编图。另一方面，作为一个佛教徒，他赞同一种特别的生活哲学，而这助他完成了自己的著作。这本书一共 457 节，每一节都提供一个独立的建议或智慧。其中许多都有记载，例如在 331 节，我们读到：

一个人不应该离开原住地，

若没有事先对其他地方进行合理调查。

如果腿的位置放置不正确，

当第二条腿抬起时，一个人就会跌倒！ [24]

在第 203 节：

当众人意见统一时，

即使是弱者也能完成伟大的事情。

依靠众多蚂蚁的联合力量，

一只狮子也能被杀死。[25]

此处非常简短的节选几乎没为萨迦·班智达提高身价，但我们可以从中辨认出他写书的基本方法。他一般不太关心提供建议，但是他热衷于敏锐地观察世界，看它如何运转，并允许人们得出自己的结论。如果人们想跌倒，他们可能会高兴地忽略第 331 节，但我们推测他们不会这么做的，这种细致的观察对他们是有益的。

再次向东移动，我们来看 400 年前在中国过着隐居生活的所谓"流浪学者"的作品。洪应明写了一本名为《菜根谭》的书，名字很有吸引力。标题显然受到了哲学家汪信民语录"得常咬菜根，即做百事成"的启发。[26] 这部作品在中国影响不大，但在日本经常被采纳并取得了一些名声，这就是为什么它通常因日本名字"Saikontan"而闻名的原因。洪应明很明显拥有一种折中主义的心态，他为自己的作品汲取了儒家、道教和佛教的知识。像萨迦·班智达一样，洪应明是一个精明的世界观察家，他的 357 篇诗歌中大多是关于如何在世界上生活的建议。以下是更明显的例子：

人之过误宜恕，

而在己则不可恕。[27]

达人观物外之物，

思身后之身，

宁受一时之寂寞，

毋取万古之凄凉。[28]

酿肥辛甘非真味，

真味只是淡。[29]

把单个诗歌联系起来去辨别一个共同的主题或线索并不总是容易的。然而，如果认真审视这本书标题的灵感，那么吸收其所有教义的人"应该能够做所有的事情"。当然，在道教传统中，这样一个成就标志着一个人将脱颖而出成为圣人。所以把《菜根谭》视为一本指导人们如何成为圣人的书也许是可能的。

对于这一长篇节选的最后一个话题，我们再次向东前进，到达美洲。之前我们已经提到阿兹特克的内萨瓦尔科约特尔和饱学之士或圣人。虽然他们的文学大部分被征服者和后裔所毁灭，但并非全都丢失了。被称为"老人话语"（Discourses of the Elders）的一些文献幸存下来，这些文献展示了其在世界中的教谕方式。就像埃及一样，其中许多书都好像是一个父亲在向儿子传递建议。

有这样一篇文献描述了施加在年轻王子身上的严厉制度。他们住在一座寺庙里，被要求午夜时分醒来，开始做清扫的工作。然后被送到森林中，要带回树枝和蕨类植物来装饰寺庙。每次完成任务就会收到几张玉米饼这样微薄的早餐。之后，他们的日常生活便开始了。他们被教导："如何生活，如何服从，如何尊重别人，如何善待自己，如何放弃和摆脱邪恶、不良行为和纵欲。"[30]在阿兹特克社会，尊重他人和自我控制是非常珍贵的。对于"好人"要从"使人舒适"的角度去理解。[31]"合适的"东西被比作可食用的东西，对人类自然的东西被比作可吸收的、不会造成内部损害的、会帮助个人成长的东西。

"教谕"换个词便是"教育"。很多埃及教谕文学作品得以生存下来的原因是，他们被埃及孩子当作了其教学的一部分，被复制了一代又一代，一个又一个世纪。埃及孩子们复制这些文学作品，把它们当作学习如何写作的一部分，但是他们复制的东西塑造了他们的价值观。而且由于很少有埃及孩子学习写作，所以教谕文学所体现的价值观往往是社会精英的价值观。阿兹特克的教育制度似乎并非那么优秀，所以通过它灌输的价值观似乎来自广泛的群体，那些"合适的"东西帮助一个孩子成长为这个群体的正式成员。

贪婪似乎是阿兹特克世界的主要罪恶之一。和大多数已知世界一样，男性和女性之间的关系是令人担忧的。父亲建议他的儿子："不要把心思花在女人身上。"把这样做的人比作"把自己扔进食物堆上的狗"。[32] 要学会等待，要知道事情在不同的时间就会有正确和错误之分，这些在此处学到的经验，很可能在许多不同的文化和不同的世纪中引起共鸣。可以发现各种教谕文学中的大部分内容超越了历史和地理的范畴。另一方面，正如王公马达夫·拉奥·辛地亚的笔记提醒我们，一个建议可能在一个社会中很好，而在另一个社会中看起来就非常奇怪。教谕文学的观点也许可以看作是将人类原材料转化为人类成品的过程，不同社会（以及同一社会中的不同阶层）可能重视不同的成品。也许，更有趣的是，我们能在多大程度上与不同文化的教谕文学关联起来。或许在这些共同的价值观念和想法中，我们至少可以看到真正人性化、普遍化的智慧的轮廓。

智慧文学与《圣经》

虽然美索不达米亚以及埃及的有关智慧的著作几个世纪以来仍不为人知，也未经翻译，但是对于古以色列的智慧之作来说，命运却截然不同。《约伯记》（*The Books of Job*）、《箴言篇》（*Proverbs*）、《传道书》（*Ecclesiastes*）这三部作品成为犹太教的官方书，之后又成为《圣经旧约》中的一部分。另外两个作品《所罗门智慧书》、《便西拉智慧书》（又称《德训篇》）被一些宗教（但并不是所有宗教）认定为具有权威性的作品。不知道是何时（但有些人认为是在公元前2世纪），《约伯记》《箴言篇》《传道书》这三本书因其内容与智慧有关，所以被认为是犹太教经典中的独特作品集。之后《所罗门智慧书》《便西拉智慧书》与这三部作品一起成了犹太教和基督教的核心智慧经典著作。在这些作品中，《所罗门智慧书》创作时间最晚可追溯到公元前 1 世纪。因此 2000 多年以来，所有这些作品一直得到广泛阅读和讨论。

关于《约伯记》《箴言篇》《传道书》这三本书，首先我们要说的是，尽管它们与非犹太教、基督教内其他作品的确有许多共同之处，但是这三者几乎毫无共同之处。《约伯记》着重探讨了为什么人会遭受苦难。在本卷书中，约伯被刻画成一个具有崇高美德且无比虔诚的人，但是上帝允许撒旦用各种方式（只要不伤及约伯的生命）去考验他对神的信仰是否坚定。于是，约伯失去了财产、子女和健康（患有严重的皮肤病），却默默忍受着这些苦难。四个朋友去看望他，他们就"约伯遭受苦难究竟有何深意？怎样才能使约伯脱离苦境？"展开了辩论。最终这几位朋友一致认为约伯所承受的苦难都是自食恶果。但是，约伯、上帝以及读者们都很清楚，事实并非如此。最后上帝终于出面伸张正义替约伯澄清事实，并使约伯比之前更加富裕了。

《约伯记》并非是犹太传统所特有的，甚至可能起源于民间故事。从美索不达米亚留存下来的其他以"苦难及为何要遭受苦难"为主题的著作，都在不同程度上与《约伯记》存在相似之处。《约伯记》吸引读者的原因在于这本书里面不同的人都围绕着"人为何要承受苦难"这一亘古不变的主题展开辩论。但这本书得出的结论是：痛苦并非总是理应遭受的，这并不能给人们带来什么安慰。

《传道书》的写作风格迥异，体材大部分采用散文体，全篇采用文章或布道的形式，但是它所关注的主题跟《约伯记》相差不远。如果《约伯记》的主题是为什么人要遭受苦难，《传道书》的主题则是："人一切的劳碌，就是他在日光之下的劳碌，有什么益处呢？"（《传道书》第 1 章第 3 节）因此这两本书都涉及因果定律，以及两个事物之间是否存在必然联系。《传道书》对这一问题做出的回答具有悲观色彩：经验表明，虽然人们都过着各自的生活，但都摆脱不了相同的命运。善良的人可能历经磨难，邪恶的人可能一帆风顺，衣食无忧。对于这种回答唯一合理的解释似乎就是宿命论了："你只管去欢欢喜喜地吃你的饭，快乐地喝你的酒，因为神已经悦纳你的作为。"（《传道书》第9章第7节）最后，我们除了相信上帝的旨意以及享受其带来的一切东西之外，无须做任何事情了。

《箴言篇》不仅仅是一部诗歌书卷，也不仅仅是诗歌或箴言的合集，虽然书里肯定有箴言。我将在之后的章节具体讨论《箴言篇》这本书。《箴言篇》作为《圣经旧约》中的一卷书，是一部教谕文学作品，这与埃及作品有些类似。这并不是唯一的相似之处。这本书的前九章内容包含了另一篇教谕文学作品。接下来十三章中的谚语不断对比智者和愚人，这种写作方法与一部埃及文学作品《纸草书》（*Papyrus Insinger*）的表现手法类似。比如，在《箴言篇》中，我们可以看到："智慧之子，使父亲欢乐。愚昧之子，叫母亲担忧。"在《纸草书》中就写道："有智慧的孩子的生活才有价值，这个孩子比那个愚蠢的孩子更优秀。"[33] 我们很难说这两部作品是谁影响谁，但是这也许就是教谕文学的跨文化和地理界限的传播交流。古以色列所在的道路将安纳利亚以北、美索不达米亚以东、埃及以南等地区的文化联系在一起，因此古以色列作品中表现出其邻国文学的一些特征也就丝毫不令人感到奇怪了。

《箴言篇》的另一个特征则是将"智慧"以拟人的形式呈现出来。《便西拉智慧书》和《所罗门智慧书》这两本书中进一步采取了将智慧拟人化的写作手法。在《德训篇》中，智慧与法则的关系密切。如果有人精通这项法则，这时："智慧有如一位荣耀的母亲来迎接他，又如一位童贞的新娘收留他。"（《德训篇》第15章第2节）在《所罗门智慧书》中也有同样的意象："我的爱人啊，智慧！年轻时我就找到了她，渴求她做我的新娘，我被她的美丽深深打动。"（《所罗门智慧书》第8章第2节）因为作者受到希腊文化的影响，所以《所罗门智慧书》也可以被视为融合了其他传统文化元素而创作出来的作品。我们会看到："如果人们都喜欢追求美德，那么智慧的果实便是美德。节制、谨慎、正义和坚韧都是她的谆谆教导。"（《所罗门智慧书》第8章第7节）以上这些美德与柏拉图在其《斐多篇》提到的美德相一致。《便西拉智慧书》一书十分强调律法（这里指摩西律法），可以看出作者十分遵循犹太传统，而《所罗门智慧书》作者的视野则更加国际化。

据说公元前 200 年左右西拉（也称耶稣·本·西拉）写下了这本书：《便西拉智慧书》。《箴言篇》《传道书》和《所罗门智慧书》都是所罗门编写的。《箴言篇》中的某些部分可能是他自创的，但是有些并不是。《约伯记》的作者至今不明。学者们一直在思考创作这些书籍的原因是什么，它们的作者是谁，以及这些书的目标读者又是谁。也许一个更有趣的问题是，为什么似乎有且仅有这些书籍被认为是权威性的？因为一百年来，这种类型的书籍仅有这几本，恐怕难以让人信服。事实上，虽然认为这些文本都是在犹太教的神学背景下创作的可能有些不准确，但是说这些书籍都属于古代世界的文学却恰到好处。很难将它们定义为某种特定的文学类型，因为它们之间既有很大相似之处，也存在很大差异。但是我们可以将这些文本视为不同类型的范本。这些作品在古以色列当时所属的世界流传了数百年。

神话、童话和（《圣经》中的）寓言故事

据我所知，人类都喜欢以讲故事的形式展现其文化。比如印度的《摩诃婆罗多》和《罗摩传》，希腊的《伊利亚特》和《奥德赛》以及美索不达米亚的《吉尔伽美什史诗》，等等。但是这些伟大的长篇史诗并不遵循这一规则，它们没有采用讲故事的形式。在这里，我主要关注那些篇幅短小的故事，比如神话、童话，还有（《圣经》中的）寓言故事。这三者之间的具体差异（包括民间传说、笑话、寓言等体裁）在这里是不重要的。在这里我关注的是那些篇幅较短，有时甚至非常短小的故事，这些故事都试图阐明一个观点。通常故事会讲述发生的事情，这足以把寓言故事和谚语区别开来，而且故事通常会有一个立论，这也使得寓言故事不仅限于较强的娱乐性。有些童话故事有立论，有些没有，但是一般情况下都有立论。我们可以注意到，寓言故事的主人公一般都是拟人化的动物，以此增强故事的娱乐性。

我们知道的一些最早的文学作品是来自古苏美尔地区的寓言故事合集。但是这些寓言故事合集里不仅仅包含寓言，里面还涉及典故、笑话、谚语、诗歌等等。编写这本寓言合集的原因之一可能是通过寓言故事来说明某些道理，以此达到教化世人的目的。还有一种"比赛文学"类型的故事，讲述了各种各样的动物、植物及其他生物都聚在一起就"它们中谁是最有价值的"这一主题开展辩论。最终，上帝将在它们中间做出裁决。《柽柳和油棕树》是早期流传下来的一个寓言故事，该故事讲述了这两种植物争论它们的优势，它们都大肆宣扬自己的优点，对自己的缺点却绝口不提。

我们所知道的许多寓言集都来自世界各地。印度的《五卷书》据说也许早在公元前 3 世纪就已经完成编撰了。无论事实是否如此，人们认为该书中的许多故事都特别久远。《五卷书》中的一些故事在《佛陀释迦牟尼的前生》，又名《本生经》（*The Jataka*）中也出现过。《本生经》讲述了释迦牟尼成佛以前的 550 个化身，其中一些化身是动物，包括大象、羚羊、狮子、秃鹫、老鼠和鹌鹑。《五卷书》广为流传，在此期间，该书有了许多别称。有些地方，《五卷书》被称作《比德帕伊》（*The Fables of Bidpai or Pilpai*）；后来传入了穆斯林中，在这里被叫作《卡里莱和笛木乃》（*Kalilah and Dimnah*），这是担任狮子王顾问的两只豺狼的名字。刚才提到的这些命名方式都充满政治上的讽刺意味。《五卷书》被译成多种语言，13 世纪，约翰卡普亚（John of Capua）用拉丁文编写了《五卷书》并将其命名为"*The Directorium Vitae Humanae*"（即《人生指南》）。约翰卡普亚为该书选择了一个极为恰当的名字，因为据说当时编写这本书的目的是为了告诉读者生活的艺术。Niti 是一个梵文单词，可译为"道德准则，伦理标准""生活的艺术"或者"明智之举"。《五卷书》可能因此被视为采取寓言的形式创作的指导性文学作品。然而，一些教义实际上有体现的道德程度，就是个人的观点问题了。许多寓言故事中的人物与骗子无赖的角色非常相似。《本生经》也可以被视为指导性文学，这里面所包含的故事不乏有一些道德故事。

《五卷书》中的有些故事与伊索编写的寓言故事非常相似。据说伊索生活在公元前 6 世纪，虽然有人怀疑是否真的存在这样一个人。假如真的有这么一个人，据推测他应该生活在《五卷书》被编译之前。许多由他编写的故事在他死后好几世纪才开始出现。法拉兰城的底马特亚斯在公元前 4 世纪出版了第一本《伊索寓言》，他为此做出的贡献的程度也只能被猜测，无从考究。其中有一个故事与《五卷书》中的一个故事非常类似，讲述了披着狮子皮的驴："人们都以为它是狮子，见此都慌忙逃走。但是一阵风吹来，狮子皮被吹掉了，使它原形毕露，大家都纷纷跑来开始用棍棒打它。"[34] 虽然这个故事可能涉及道德层面，但这不是一个典型的道德故事。这只驴的行为可能称不上不明智，甚至有些是愚蠢，但是我们很难批判说它是不道德的。另一方面，在一些寓言中，按现代而非当时的标准来看，伊索或许显得有些不道德。其中有一个故事讲述了由赫尔墨斯驾驶的一辆满载谎言、邪恶和欺骗的马车，被阿拉伯人掠夺了。这个故事仅仅是伊索种族主义的产物。[35] 有些寓言与英国作家吉卜林（Rudyard Kipling）著名的童话故事《原来如此》（*Just So Stories*）类似，比如当时在这本书里揭示了为什么鸢不会歌唱。然而，《伊索寓言》的大部分故事是对生命和人性的辛辣解读：

> 乌龟请求老鹰教它飞翔，老鹰劝告它，说它的本性根本不适合飞翔。
>
> 乌龟再三恳求，老鹰便把它抓住，带到空中，然后扔下。
>
> 结果乌龟掉到石头上，摔得粉碎。[36]

另一个著名的寓言故事集是由罗马作家菲德鲁斯（Phaedrus，前 15—公元 50）编撰的。之后让·德·拉·封丹（Jean de La Fontaine，1621—1695）在编撰寓言故事时借鉴了罗马作家菲德鲁斯以及伊索的寓言故事。罗马作家菲德鲁斯的一个有趣的创作点是着眼于人们不能保守秘密这一现象。比如，为了测试他妻子能否守住秘密，一个男人使他妻子相信他刚刚下了一个鸡蛋，并再三嘱咐她千万不要告诉任何人。结果，她把这个秘密告诉了邻居，邻居又告诉了其朋友……这个秘密被反复讲述以讹传讹，结果直到有一天变成了这个男人不是下了一个鸡蛋而是一百个。虽然妻子的行为可能会受到批评，但显然这个故事想要告诉我们的道理是：如果你想要守住一个秘密，你自己就必须守口如瓶。这便是从经验里总结出来的智慧。

在意大利文艺复兴时期，许多寓言集被收集整理。然而，后来寓言被表述成诙谐妙语等等说明了其强调中心的转移。因为"诙谐妙语"（开玩笑）在本质上就是为了娱乐大众而不是用来教化世人，虽然有时候它能同时达到这两种效果。寓言故事集不仅包括高尚的道德故事还涉及低俗笑话。接下来是一个比较有启迪性的寓言故事，摘选自意大利作家波焦·布拉乔利尼（Gian Francesco Poggio Bracciolini，1380—1459）编辑的《快乐之书》：

一位米兰士兵，出身贵族，骄傲自大地前往佛罗伦萨出任大使一职；每天除了到处炫耀摆排场之外，他还在脖子上戴着各式各样的项链。

尼科洛·尼克里（Niccolò Niccoli）是一个博学多才、尖酸刻薄的人，他看出了这位士兵的愚昧、虚荣并说道："其他疯子都戴一条项链，但是他比疯子还疯狂，一条项链远远不能满足他的虚荣心。"[37]

像寓言一样，童话的类型也多种多样，许多童话故事也试图以某种方式确定一个中心思想。在《聪明的农夫女儿》（The Clever Farmer's Daughter）中可以发现一个有趣的例子，这是在雅各伯（Jacob）和威廉·格林（Wilhelm Grimm）于 19 世纪编纂的作品中找到的。该故事的一部分内容讲述了国王给农夫女儿出了个难题，国王说道："你到王宫来，来时不可以穿衣服也不可以光着身子，不可以骑马也不可以坐车，不可以走在大路上也不可以走在大路外。如果你能按照要求来到我这里，我就娶你为妻。"[38] 这个测试类似一个谜语。女儿回到家里，脱掉了所有的衣服，再找来一个大渔网把自己包住。这样，就做到了既不穿衣服也不赤身裸体。然后她租来一头驴子，在驴的尾巴上系上渔网。让驴子拖着渔网里的她来到王宫，一路上她只有两个大脚趾着地。这样她就符合了国王的所有要求。[39]

农夫的女儿破解了这个难题，是因为她看到要做到"不穿衣服"且"不赤身裸体"并非完全没有可能性。她没有禁锢在传统的思维方式里，而是创造性地解决了这个问题，想到了办法。农夫的女儿以此证明了她比自以为设置了无法避免的陷阱的国王更加聪慧。

最后介绍佛教寓言。一个寓言或童话可能纯粹是因为它的娱乐价值而受到大众喜爱。无论寓言试图给予读者什么经验教训，寓言的意义就是为了教化世人，通常使用对比的方式达到此目的。

如果……一名男子拿着一个燃烧的火炬迎着风……如果那个男人没有及时松开燃烧的火炬，那么燃烧的火炬会不会烧到他的手或胳膊，或烧伤他身体的其他部位？如果他没有及时放开火把，会不会因此而丧命或造成致命的痛苦？ [40]

那么这究竟是什么意思呢？这是与激情有关的许多佛教寓言中的一个例子。如果我们能够发现激情有时就像一个燃烧的火炬，马上就要灼伤我们了，我们也明白是时候该"放弃这个火炬"了。如果我们不能看到这种联系，那么这个寓言就没有任何价值。

很明显我所列举的仅仅是世界范围内的寓言、童话（《圣经》中的）、寓言故事的冰山一角罢了。许多寓言故事堪称世界的智慧文学，尽管其中一些作品似乎比其他的作品能提供更多的智慧。有些与教谕文学作品非常相似，并通过叙事的形式提供了精辟的见解。还有一些作品，如伊索创作的一些缺乏启迪性的作品，也是为了提醒读者有些作品传递智慧是以文化为基础的。像《聪明的农夫女儿》这样的许多故事，确实承载着一些非常古老的主题和传统文化，至今仍有父母讲述这些故事给孩子们听。

这一堂课涉及的范围很广，但可以得出一个适用于世界上所有智慧文学的结论：我们读过的任何东西都不能使我们真正变得智慧。我们在此评阅过的不同体裁的作品可能以不同的方式概述了作者的智慧，但是这并不等同于我们所指的智慧。如果我们想要变得聪明，唯一需要做的事情就是广泛阅读优秀书籍的话，那么智慧将变得随处可见、唾手可得了。然而，事实并非如此。某些类型的作品可能会帮助我们找到正确的方向，但我们必须始终小心，千万不要将"路标"与"目的地"混淆。

即使是通过简短的介绍也揭示了不同类型的文学作品与智慧的关联，一些书籍比如《奥义书》是与《伊索寓言》完全不同的文学类型。我们引鉴的大量材料本身就证明了这些类型的文学特别流行，其中一些故事似乎在世界各地流传了几个世纪，也许正是因为这一原因，人们才可以将这些文学作品与其日常生活联系在一起。

虽然本堂课中所提到的大部分作品（但并非全部）都来自遥远的过去。但我们不应该认为智慧和文学之间的联系只是一个纯粹的历史现象，在几个世纪前就已不复存在了。显然大家的观点可能会有些不同，但我认为可以说，20世纪的小说，如《禅与摩托车维修艺术》（*Zen and the Art of Motorcycle Maintenance*）都以不同的方式展现着智慧。只是这种小说并不是一种智慧文学，这种文学与其他体裁的文学作品一样可以作为智慧的载体。事实上，有人认为，一些维多利亚时代的小说家尤其喜欢创作与智慧有关的作品，因为他们试图"表达对世界的看法、人类在世界中的地位，以及人们应该如何生活"。[41]一些作家比如乔治·艾略特（George Eliot）、本杰明·迪斯雷利（Benjamin Disraeli）和托马斯·哈代（Thomas Hardy）都在试图改变读者看待事物的方式。智慧小说家并不是试图与读者争论什么，而是向读者展示看待事物的不同方式。在这个事实上，至少可以说，他们与创作《奥义书》的智者存在共同之处。

《占星神》（*Astrology*）［德］维吉尔·索利斯（Virgil Solis）于 17 世纪雕刻。

占星神被雕刻成一个女神，她的手中握着一个地球，头顶上还有多颗星星环绕着她。她翅膀的创作灵感是因为自古占星神通常与天使联系在一起。

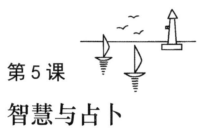

第 5 课

智慧与占卜

>> Wisdom: A History <<<<<<<<<<<<<<<<<<<<<<<<<<<<<<<<<<<<<<<<<<<<<<<<<<<<

什么是占卜？占卜与智慧又有什么关联呢？词典对占卜的定义倾向于将其归结于超自然因素，虽然某些形式的占卜可能涉及超自然因素，但并非所有全部如此。要想了解为什么会出现这种情况，我们必须知道其实存在两种完全不同的占卜形式。第一种，根据某种超自然生物自发地或有征兆地传递明确的信息做出的占卜。神谕中经常会出现这种形式的占卜。某人问一个问题，通常是由神灵或神灵的代言人做出回答。神祇在许多方面都与智慧相关，所以占卜和智慧之间的联系自然就不言而喻了。

然而，有一种截然不同的占卜，完全与超自然力量无关。手相术就是个很好的证明。手相师认为手掌纹路、（或者至少）相形都与人们的命运有关。手相师与超自然因素无关，但是他们认为自己所从事的是以观察和经验为基础的古代科学。手相术界通过类比法争论道："现在几乎所有的医学家都承认指甲的不同形态可以表明不同的疾病。"[1]手相术可能是科学，也可能是伪科学，但是它确实与超自然因素没有什么关联。

无论您是否相信，手相术存在一定的合理性，但是这一合理性却难以在占卜术中发现，例如盘占术。古美索不达米亚就使用这种占卜方法，挂在庞贝古城的米斯特里别墅酒店里的一幅画就描绘了这一占卜场景。盘占术通常用一个装满水的容器，水上漂浮着薄薄的一层油，将一个东西投入装满水的容器中，观察油所构成图形进行占卜。跟其他占卜术一样，盘占术认为世间万物都是有联系的，因此通过观察某些事物就可以了解到其他事物。而显然手掌是只与某个人有关，盘占术则是认为世间万物的联系更加广泛。与手相术不同的是，在研究它之前，盘占术必须创造一些要研究的东西。显然，水上的油并不会导致任何事情发生，它只是一种自然现象。盘占术不是以超自然为基础的，而是一种理解自然的特定方式。[2]在进一步深入研究某些特定种类的占卜之前，我们还可以再总结两点。首先，人们普遍认为占卜就是对未来的预测，这一观点其实并不正确。虽然，占卜有时候确实是为了预测未来，但是占卜的作用绝非仅仅如此。有时人们使用占卜术了解当前情况，有时是为了寻求建议，有时是为了做出某个决定。因此，占卜当然不仅仅是预言。其次，某些类型的占卜被认为是科学的，有些占卜家甚至比科学家还要更胜一筹，我们不应该低估占卜者在其领域发挥的作用。有些占卜家显然更具天赋，技高一筹。

占星术

如果盘占术需要向当代读者介绍说明的话，占星术则完全没有必要。据估计，在美国当今有成千上万人自称是占星家。每当人们把天文学和占星学混淆时，天文学家往往就会变得非常恼火，所以最好从一开始就弄清二者之间的区别。

占星术是用天体的相对位置和相对运动（尤其是太阳系内的行星的位置，包括太阳和月亮）来解释或预言人的命运和行为的系统。这可能意味着对恒星的影响；这也意味着天体与发生在地球上的事件之间存在着恒定的联系，因而这种关系可以加以利用。由于占星术非常依赖行星的运动和位置图表，因此直到数理天文学发展后，占星术才得以兴起。[3]

在这里我们可以明确三点。首先，天体可能会对我们星球产生影响，这一想法几乎不存在任何争议。比如世界各地海洋日常发生的潮汐现象就是很好的证明。该现象产生的原因就是海水在天体（主要是月球和太阳）引潮力作用下所产生的周期性运动。还有许多偶然现象，比如太阳耀斑可能会产生破坏无线电传输的地磁风暴。事实上，现代科学能够用古代远不能达到的科技手段探测到太阳对地球的影响。地球上的生命容易受到外部影响这种说法不无道理。第二，占星术并不一定是基于天体对我们产生影响的想法。正如盘占术一样，占星术也认为宇宙之间的各个部分紧密相连、相互制约，因此通过对某一事物的研究可以揭示另一事物的本质。与一碗水相比，虽然天空是一个更为庞大且复杂的研究对象，但两者遵循的基本原则是一样的。天体和地球上发生的事件之间不一定存在因果关系。第三，要明确的是我在此关注的重点并不是天文奥秘，比如那些被认为是预示着特殊事件即将发生的不同寻常的天文现象（例如彗星的出现）。"预兆"将作为一个主题单独介绍。

天体的预兆只涉及在可观测的天空中发生的特殊变化，然而天空本身也在不断变化着。有些变化，如太阳的运行轨迹发生在较短时间内，这是人们都能观察到的。而有些变化，如恒星的运动持续时间较慢、周期较长，需要更加耐心才能观察到（就观测目的而言，实际上是地球在运动而非恒星的这一事实便无关紧要了）。这些变化并不是随机的，而是存在某种规律，这些规律为各种历法及各种时间的计算方法的产生奠定了基础。"占星学"需要了解天体在任何给定时间内的精确的相对位置，这就是"占星学"只有在天文学发展后才能产生的原因。正是通过对这些天体在任何给定时间内的位置计算，进而产生了占星。我们应该牢记这一点，占星术的发展远远早于望远镜的发明，占星只是天体的一个缩影，当它忽略了一部分天体的重要性的同时也突出强调了某些天体的重要性。星占常用来代表某人诞生时刻的星位，根据一个人出生时天体的样式，来预言这个人的未来生活。然而，星占有时候也被用来确定一个特定的日子是否吉利，或者用于确定人们在某个特定的日子进行某项活动是否吉利，这导致几个世纪以来许多统治者都会任用占星家。然而这可能只是在某些时候和地方看起来完全正常，但是在 20 世纪 80 年代罗纳德·里根担任总统时，当人们知道在白宫仍然留有占星家的职位时，许多人都大吃一惊，感到难以理解。

我们似乎可以确定至少存在三种不同且独立的占星学传统（尽管我们声称存在独立的占星学传统这一说法有待考究，我们在评价占星术对人类的影响时也必须同样严肃对待这一问题）。第一种，通常（虽然可能不太准确）被称为"西方占星学"，西方占星学融入了希腊以及美索不达米亚的占星学思想，可能起源于公元前 1000 年晚期的埃及。虽然术语"Chaldean"专业释义指的是古代巴比伦南部的迦勒底人，现在多指预言者，尤其指占星者，这一事实也说明了西方占星学与美索不达米亚地区文化的关联。然而，希腊的哲学和科学似乎充当了一种媒介，通过该媒介，大量的美索不达米亚材料得以转化为更加系统的东西，即我们所说的"西方"占星术。从埃及东至印度地区，西方占星学成为《周谛士占星术》（*Jyotisha*）的基础。西方占星学也传入欧洲地区，一个现存的关于占星学的古老作品是由马库斯·曼尼（Marcus Manilius）在公元 1 世纪写的一首名为《天文星象》（"Astronomica"）的长诗。

虽然许多报纸上的占星专栏给出的描述平淡无奇、模糊不清，这些概括可能与详细的个人占星术相去甚远，但它们的最终来源是相同的。西方占星术的基本理念是黄道十二宫，即将天空分为十二个部分，把黄道分成十二等份，太阳、月亮和行星会在各自的黄道上运行。黄道十二宫的名称与黄道附近的十二个星座相同。从第一宫至第十二宫依次为白羊宫、金牛宫、双子宫、巨蟹宫、狮子宫、室女宫、天秤宫、天蝎宫、人马宫、摩羯宫、宝瓶宫和双鱼宫。"普遍的"占星术只看到这些星座与太阳之间的关系，为每个星座分配了大约一个月的时间，代表太阳进入每一宫的时间（基本上是固定的历时约为一个月）。每年 3 月 21 日前后太阳到达白羊宫，那时的节气是春分，所以春分点又叫"白羊宫第一点"。"更为严谨的"占星术不仅看到星座与太阳之间的联系，还注意到星座与月亮及行星的关系。但是这两种占星学都认为每个星座的人都有与之对应的性格类型。

中国的占星术虽然在其长期发展过程中可能受到过西方占星学的影响，但是中国的占星术也有自己的起源。似乎在周王朝统治期间，随着中国天文学的发展，中国占星术就已经开始起步了，并在接下来的将近 1000 年里得到了持续发展。到了下一个统治王朝——汉朝（前 206—公元 220），中国占星术已经形成了比较经典的模式。由中国天文学家确定和命名的星座与西方的星座有明显不同。例如，西方天文学家认为"猎户腰带"是在猎户座内的一个星群，而在中国则认为"猎户腰带"是一个独立的恒星群。

虽然西方和中国占星术有相似之处，但仍存在巨大差异。从普遍的角度来说，最明显的区别是，西方占星术认为十二个月为一个周期，中国占星术则将十二年视为一个周期，每一年都以动物名义命名。这一周期的一般次序为鼠、牛、虎、兔、龙、蛇、马、羊、猴、鸡、狗、猪。每到农历新年（通常是在 1 月下旬或 2 月初），就是一年的过渡时期。与西方占星术一样，每个生肖都代表着一种不同的个性。与西方占星学一样，虽然"大多数的"中国占星术比较强调出生的年份，但也依旧存在较为复杂、缜密的其他类型的占星术。这些占星术不仅强调出生年份，还强调具体的月份和日期。将所有因素都考虑在内，于是就出现了更为复杂和精湛的占星术。

我要在此介绍的第三个也是最后一个占星术起源于中美洲地区。与许多文化背景下的人们一样，中美洲人们在前哥伦布时期对天文学与占星学之间没有做出明确的区分，他们的历法既有世俗性又具宗教性。尽管像托尔特克人、阿兹特克人以及玛雅人之间的文化存在巨大差异，但是他们对占星术的看法及认识大致相同。在这些地区有太阳历（1 年 365 天）和圣年历（1 年 260 天）两种纪年方法。后者 1 年 13 个月，每月 20 天，全年 260 天，每一天都有自己的名称和符号标志（目前危地马拉有些地区的人出于各种原因仍然使用圣年历）。这种历法很可能来源于某种天文观测。因此，以天文观测为基础的历法在某种意义上是宇宙作用力的一种体现或表现形式。在 260 天内，每一天这些力的综合效应都是不同的。

阿兹特克人将圣年历称为"阿兹特克神圣历"，这 20 天依次被命名为：鳄鱼、风、房子、蜥蜴、蛇、死亡、鹿、兔、狗、猴子、水、草、苇、美洲虎、鹰、秃鹫、手势、燧石、雨、花。除此之外，还有一本名为《神圣日历书》（Tonalamatl）的著作。该书提供了圣历中 260 天每一天各自的天文意义，使之成为占星家的速查手册。然而，仅仅依靠《神圣日历书》本身是不够的。从宏观来看，260 天为一个循环周期，这一周期又以 52 年为一个周期有规律地循环着；从微观来看，每一天也都有明显的衰退，由此带来的影响也将考虑在内。中美洲地区的占卜家有太多的因素需要考虑。

无论在什么文化背景下，占星术通常被视为一种宿命观。通过占卜预见到即将发生的事件，是我们永远无法逆转和阻止的，但是很显然，阿兹特克人至少相信人们可以采取行动，降低这些事情所带来的不利影响。例如，如果一个人出生在一个"不幸的"日子，"算命师为了改变这个孩子的命运，就会挑选一个良辰吉日为这个孩子起名字"。[4] 这也意味着，命由天定，事在人为，我们绝不能轻易向命运低头。但这当然不是唯一的观点，马库斯·曼尼的立场则截然相反，他认为：“通过占星术预测的人们的命运就是上天注定的。”[5] 因此，如果是这样的话，占星术只能告诉我们将会发生什么，却不能帮助我们避免这些即将发生的事情。

占星术往往是一个非常具有争议的话题。反对占星术的人们怒斥它的荒谬性，而支持占星术的人在盛赞它的精湛与深刻。在此背景下，似乎人们很难做出中肯的评价。尽管许多人可能会忽视“行星影响”的可能性，但是它们对占星学来说既不是必要的也不是可有可无的。毫无疑问，“普遍的”占星术确实给占星学带来了坏名声。另一方面，占星术或许可以被人们利用，但是这并不意味着占星术就真实可靠。

神谕

术语“Oracle”（神谕）往往有许多不同的用法。例如，在美索不达米亚撒哈顿时期的许多阿卡德语作品中，“Oracle”通常被称为“oracles”。许多阿卡德语作品都是由来自埃尔比勒（Arbela）（伊斯塔的崇拜中心之一）的各方人士著作的。一般来说，这些作品似乎是为使国王安心特意写作的，有些几乎像充满爱意的情书：“我一直思念你，甚是爱你。”[6] 我们可以设想，这些人们可能是为阿尔比勒女神服务的神父或祭司。但是没有证据表明以撒哈顿（Esarhaddon，亚述及巴比伦的王）特别关注这些作品。因此，我更喜欢将这些声明视为预言书而不是神谕。在我看来，神谕与答案紧密相连，为了得到答案，一定会提出问题。

历史上最著名的神谕当属德尔斐的阿波罗神谕圣殿了。当时德尔斐神谕圣殿就声名远扬、经久不衰，人们常常惊奇地发现，这绝非古希腊世界唯一的神谕所。但是希罗多德（Herodotus，约前 484—约前 425）讲述了一个有关克洛伊索斯（Croesus，古代吕底亚的国王，极为富有）的故事，他想知道神谕是否真的可信，这些神谕是否真的灵验。于是他派遣使节前往“德尔斐、福基斯的阿巴伊（Abae）、多多那（Dodona）、安菲阿剌俄斯（Amphiaraus）以及特洛弗尼乌斯（Trophonius）神谕所、爱尔兰的布朗齐达伊（Branchidae）去寻找答案。这些都是他派人寻访过的希腊神谕所，但他觉得远远不够，于是他也派人到利比亚的阿蒙神（Ammon）那里"。[7] 布朗齐达伊也就是人们熟知的迪迪马（Didyma），毗邻米利都（即现在的土耳其），然而阿蒙神谕圣殿位于当今埃及西部的锡瓦绿洲（Siwa Oasis）。其他神谕所的遗址都在希腊，虽然没有发现特洛弗尼乌斯神谕所遗址。所有的这些神谕所，只有德尔斐神谕所满足克洛伊索斯国王的要求。

虽然这七个神谕所是最主要的，但单单在希腊的神谕所就不胜枚举。除希腊之外，在罗马帝国的领土上分布着成百上千的、风格迥异、规模不一的神谕所。虽然这些神谕所中许多都属于阿波罗，但也绝非专属他一人。很多神谕所还属于阿斯克勒庇俄斯（医药神），包括位于埃皮达鲁斯（Epidaurus，希腊）以及佩加蒙（Pergamon，当今土耳其的帕加马）等地的许多类似的建筑群。在埃及普遍认可的发布神谕的神祇是伊希斯女神和塞拉皮斯神（Serapis，古埃及地下的神，其崇拜者曾遍及尼罗河之外的希腊、罗马地区）。据说佩加蒙地区的一个神殿就信奉塞拉皮斯神，现今该教堂名为克孜阿乌鲁教堂（Kizil Avlu，又名红色大教堂）。教堂门前伫立着一座重达 4 吨的圣母玛利亚雕像，雕像下面的底座特别大，足以容纳一个人。在一些其他神谕圣殿也发现许多类似的设计。至于为什么教堂里会有雕像，是为了倾听人们的叩问，还是为了借此回答请求者的询问？是否仅仅是出于一些特别纯粹的目的？这些都不得而知。

据我们所知，人们向神祇叩问以及神灵给人类传达神谕的方式各种各样。在多多那神谕所，所有的问题都被写在薄薄的铅条上，我们已经发现了许多这样被刻写在铅条上的问题。这也证明了当时有些人会向宙斯祈求神谕。有些神谕是代表群落（包括当地人）发问"多多纳神群落请示宙斯和狄俄涅（Dione）神祇，是否要因为人类的某些罪恶而降暴风雨于人间"。[8] 有些则是个人向神祇寻求建议："克里奥特斯叩问宙斯和狄俄涅神祇，现在这个时机养羊是否会盈利。"[9] 有的是想要看到未来的境况："莱昂蒂奥斯询问神祇关于他儿子莱昂未来的境况，他儿子胸部上的疾病是否能痊愈。"[10] 还有一些是为了寻求关于现在和最近的一些状况："多克勒斯是不是偷了那块布？"[11]虽然不全与人类生活有关，但大部分情况如此。然而不幸的是，对于这些问题或许多与之类似的问题的答案我们都无从知晓。

有些情况下，答案是已知的，但与之对应的问题却尚未得知。参观世界上主要的神谕所（比如德尔斐的阿波罗神殿、多多那的宙斯神谕所）可能既耗时又昂贵，但幸运的是我们有其他更经济合算的选择。比如骰子神谕，在这里掷骰子会出现一个数字或者一个序列，每一个数字或序列都有其对应的谕意。以下这些文字便刻在特迈瑟斯（Termessus，位于当今土耳其安塔利亚附近）的大门上：

数字显示四个六和五个一。其含义如下：

就像豺狼必胜羊羔，狮子制服长角牛一样，你也要战胜一切困难。在赫耳墨斯（宙斯之子）的帮助下，必将如你所愿。[12]

骰子神谕做出回应的次数取决于骰子的数量或投掷骰子的次数。用字母请求神谕的方法也是一个道理。对于你选择的字母（通过某种不确定的方式），每个希腊字母都对应一个回答，且总共只有24种回答。在土耳其发现了一些神谕，其中在奥林波斯（Olympos）和古城利米拉（Limyra）发现的两个神谕是完全相同的文本类型。例如："希腊字母Z代表：逃离这场大风暴吧，以免你会在某种程度上变得残疾。"[13]对于提出的任何问题，都只有24种可能的回答，因此如果字母神谕通常用非常笼统的术语表达，这并不让人感到惊讶。

同时，我们所了解到的那些古代世界的神谕并非全都真实存在过。与我们所不了解的那些相比，我们所了解到的神谕只是冰山一角罢了。然而显而易见的是，并非只有某些特定的地方或文化才会相信神谕。虽然印加文明经常被视为一种"古老的"文明，印加帝国在公元15世纪称霸南美洲，尽管在该地区经历过无数王朝更迭和文化的演变。印加帝国的全盛时期大体与意大利文艺复兴时期一致。

神谕在印加人们的日常生活中扮演着十分重要的角色。有文献可以证明几乎所有的大型重要活动，无论是集体的还是个人的，都是先请示过神明的旨意再举行。不同规模的社区都有自己的神谕所（传达神谕的形式也多种多样）：比如一块被视为神秘创始人的石头；人类古老的祖先；一些自然事物（比如一泓泉水或者一个洞穴）。"胡卡"（huaca）一词指的是与超人类或超自然力量有关的地方或东西。这个神物的本质特征是它会"说话"。在这些地方，代替神祇传达其神圣旨意的人在下达神谕前通常会喝许多奇查酒（用玉米酿造的一种酒）。

"胡卡"（古秘鲁的一种神物）具备各种功能。由其下达的神谕享有近乎《圣经》的地位，当地人们将这些神谕视为当局或当地管理人的独特价值观。在社会层面，胡卡能够用来保持文化规范，同时也被用来使政治现状更加合法化。在道德层面，它还是人们朝圣的地方，有些人的行为可能不符合社会规范，他们便会前往这里忏悔。

"胡卡"在印加称霸南美洲很久以前就已经存在了。但是正像其他生活领域一样，印加人开始具备他们前人常常缺乏的组织意识。最重要的胡卡代表每年都被邀请前往印加首都库斯科。然后，他们都会被问到明年的前景如何，并做出回答。有的人的预言经证实准确无误便得到了赏赐，而那些预言不准确的人可能会因此受到严惩。

在印加帝国最重要的神谕所位于帕查卡马克（Pachacamac），这个城市位于利马（Lima）南部几英里开外。该神谕所在印加帝国建立很久之前就发挥着重要作用。然而即便是最重要的神谕所，如果未能履行职责也会付出代价。阿塔瓦尔帕（Atahualpa，印加帝国末代皇帝）于1532年被弗朗西斯科·皮萨罗（Francisco Pizarro）囚禁在卡哈马卡（Cajamarca），此时从帕查卡马克来的一个小规模代表团前来看望他。

然而，他们却受到了阿塔瓦尔帕的冷遇。阿塔瓦尔帕请求皮萨罗把帕查卡马克神谕所的那个牧师抓进监狱……阿塔瓦尔帕解释了为什么帕查卡马克神谕所和那个牧师让他感到愤怒。最近，位于帕查卡马克的神谕所发布了三个灾难性的错误预言……阿塔瓦尔帕总结道：一个如此不可靠的神谕所里不可能存在上帝。皮萨罗跟阿塔瓦尔帕说，能想到这一点，说明他比较明智。[14]

德尔斐神谕所和多多那神谕所已经沉寂了几个世纪，位于帕查卡马克的神谕所也早已沦为废墟，但这并不意味着神谕所已经完全成为历史。事实远非如此。在当代社会，许多神谕所仍然门庭若市，人来人往。居住在刚果民主共和国的安哥及柏提人（Agagibeti）经常使用一个名为"帝哇"（diwa）的神谕所。这个神谕所通常由当地的一名老人看管，在这里解读神谕的方式是通过摩擦两个木板。有问题请示的人都会来拜访这位老人并为此支付适当的费用。然后，这个老人就开始请求神谕了。

当请求神谕时，他使用两个手掌般大小、底部光滑的扁平木板，并把一种水和药物混合物涂抹在两块木板的接触面上，随后摩擦两块木板。从大体问题逐步细化，他问到出现事故的原因是否是因为惹圣父生气了。当陈述所有可能的原因时，如果在提到某个原因时这两块木板粘在一起，就说明这就是症结所在。找到原因后，他会进一步向这两块木板询问是谁在生这个人的气。摩擦两块木板直到它们粘在一起时就能确定是哪些人惹圣父生气了。以此就确定了这个人遭受苦难的根源。[15]

另一种当代神谕活动叫作"易发"（Ifa），尼日利亚的约鲁巴人（Yoruba）、贝宁（Benin）以及多哥（Togo）的人们经常从事该神谕活动。像"帝哇"一样，"易发"也有专门的从业人员。该活动是在复杂的宗教背景下进行的，在咨询过程中也需要准备一些专门的物品，如神圣的棕榈坚果、特殊的木粉和各式各样的象征性的物品。说到该活动所需的最基本物品的原因，涉及掷签环节，以便在256种可能的原因中具体到一个原因。实际上，"易发"是说："人生在世，这256种可能性中每一种你都有可能会经历。"[16]实际上"易发"向我们揭示看待问题的方法就是在正确的范围内锁定分析问题。我们只有正确认识问题，才能准确地解决问题。这类似于重塑疗法，该疗法引导那些陷入困境的人们从不同的角度去看问题。"易发"神谕会帮助那些向他求助的人用不同的视角理解并正确认识问题。

也许目前仍在使用的、最著名的神谕不是一个地方或一个人，而是一本书。《易经》的受欢迎度仍旧有增无减，不仅仅在其发源国受欢迎。尽管我们对《易经》有诸多了解，但是它的起源尚不明确。伏羲是传说中的上古圣人，据说曾生活在公元前 3000 年。伏羲与《易经》密切相关，文王即公元前 2 世纪末周朝的创始人亦是如此。据说孔子为《易经》的发展做出了重要贡献。无论真相如何，即使《易经》的许多历史细节都被遗漏了，但它显然是一部具有悠久历史的作品。

与"易发"一样，实际上《易经》就是一种神谕。按照传统来说，卜卦过程中会用到蓍草，虽然很多人如今都使用硬币。无论如何进行，最终会形成六个爻位（即一卦），每一个爻位或破碎或完整。这就产生了六十四卦，每一卦都有对应的卦名和卦义，这就形成了一个神谕。每个卦义的核心部分被称为"卦辞"，相传是文王所创，文王的儿子为每段卦辞都加上了注解。比如，《周易》第六十二卦，"小过卦"卦辞意思如下：

> 小占优势。成功。坚持不懈。
>
> 适宜于小事，不适宜大事。
>
> 飞鸟空中过，叫声耳边留。
>
> 警惕人们：登高必遇险，下行则吉利。
>
> 这是吉利的占卜。[17]

这似乎十分晦涩难懂，荣格是《易经》的忠实读者，他写道："如果《易经》的奥义很容易读懂，那该作品就不需要引言了。"[18] 但是，我们不应该把它想得过于晦涩难懂，读《易经》时我们要牢记两点：第一，它是一个神谕，我们需要以一个问题作为媒介来理解它。反过来，这个问题为我们理解其答案也提供一个语境。第二，中国人的世界观是动态的。在中国人看来，世界是不断发展变化的，在任何特定时期，它都会按照既定的规律不断发展变化。如果人们能够把握规律并找到正确的方向，便会获得成功，否则就会惨遭失败。《易经》用来帮助那些困惑的人找到正确的方向。世界变幻无常，《易经》就像一张地图指引人们前行，许多中国哲学家认为它除了能发挥神谕的功能外，还承载着伟大的智慧。

《易经》不是唯一的中国神谕书，许多人发现使用它就好比在做一个非常艰巨的任务。其他许多有关神谕的书被创作出来，这些书内容表现形式更加轻松，通俗易懂，为读者提供便利。比如《灵棋经》就是其中之一，其作者不详，但据说大约是公元 3 世纪创作的。在卜卦过程中，使用的卜具是一面刻有上中下不同字样的棋子，共 12 枚。占卜时只需将 12 枚棋子随意一掷，即可成一卦（共 125 卦），然后根据书中的繇辞和注解判断吉凶。比如，"孤贫卦"在《灵棋经》中对应的经文是："出温入寒，被薄衣单。去我慈母，罹此横愆。"[19]《灵棋经》的经文如果没有对应的注解，我们一般很难读懂其含义。其中有人把刚才"孤贫卦"的卦义简单的总结为："凡事皆凶。"[20]

世界上有各种各样的神谕，数不胜数。有一点是不容忽视的，即神谕未必一定就是预测未来。如果神谕者唯一的工作就是预测未来的话，他们肯定不会如此成功。预言不会在任何时候都准确无疑，就像阿塔瓦尔帕一样，他相信了错误的预言，为此付出了惨痛的代价。但是，我们怎么证明"逃离这场风暴吧，否则灾难必将降临在你身上"这个预言是错误的呢？当克里奥特斯询问他是否应该养羊时，问完后他又做出了什么选择呢？对克里奥特斯而言，最糟糕的结果莫过于他听从神的旨意买了一群羊，结果却损失惨重。但是当他回到多多那神谕所跟宙斯和狄俄涅抱怨时，他得到的回复可能仅仅是："如果当时你没有养羊，你的境况可能比现在还要糟糕。"如果这样的话，克里奥特斯又如何能证明这个神谕是错误的呢？

有时候请求神谕就只是为了帮助人们做决定。比如，在古老的库施（Kush）王国（即现代的苏丹），很显然阿蒙神谕所［位于当今的博尔戈尔山（Gebel Barkal）］的一个重要传统就是从合格的候选人中选出一位新国王。

对某些人来说，"帮助"神谕来获得他们想要的结果极具诱惑力。即使人们认为神是公正廉洁的，但是神祇发布神谕往往以人为媒介传达旨意，而人类在传达神谕时却摆脱不了人性的弱点。人性的弱点需要神明的告慰，为此许多人都去请求神谕。

梦

人类有没有不做梦的时候？这些梦境生动逼真，人们很难相信它们毫无意义，但是做梦的频率之高又让人们觉得它非比寻常。事实上，梦境无处不在，人们认为无论在任何社会的任何时候都会有人思考梦境到底从何而来，它又有什么意义。

在某些文化背景下，有人认为梦境有一定深意，人们被此深深吸引并积极探索其中的奥义。做梦的过程被称为孵梦，这种说法在不同的时间和地点都得到了证实。希腊的医神阿斯克勒庇俄斯的孵梦地处于核心地位。前来寻求阿斯克勒庇俄斯庇护的人在准备妥当之后都会前往这里一个名为阿巴顿（abaton）的圣廊睡一晚，他们希望做梦时医神阿斯克勒庇俄斯会通过某种方式与他们沟通。根据公元2世纪的一位作家阿里斯提得斯（Aelius Aristides，一名忧郁症患者）所言，阿斯克勒庇俄斯有时会出现在他梦中，并给出无须解释的指导。在这种情况下，其实这一过程仅仅是以梦为媒介传达神谕，梦境只是一个次要的媒介。如果神灵能通过梦境直接发布神谕，这些神谕根本不需要做出更多解释。在这里，我主要关注那些为了理解梦的含义需要做出一些解释的梦境，这里主要包括那些"刚刚产生"的梦境。

但是为什么会产生这样的梦境呢？对梦境的研究可以追溯到很长时间以前，众所周知的许多非常古老的文本试图以系统的方式解读梦境。小亚细亚的阿提米德罗（Artemidorus）创作的《解梦》（*Interpretation of Dreams*）可以追溯到公元2世纪，这并不是最古老的关于解读梦境的文本。但是这本书的优点在于其结构内容相对完整，并引用了大量更加古老的文本材料。在本书的第一部分，作者对梦神奥涅依洛斯（Oneiros）和伊恩海伯涅安（Enhypnion）进行了区分，前者与未来的事情有关，后者与目前的事情密切相关。后者只不过是对当下思想的一种延续，与占卜没有什么关联。如果我白天全神贯注于某件事，晚上会梦见同样的事情这并不奇怪。另一方面，一些梦境直接指向未来之事，而另一些则更间接地指向未来之事。这是我们要谈到的第二种为我们提供了解梦艺术精髓的文本，阿提米德罗很清楚它是一门艺术。许多像阿提米德罗创作的作品，到目前为止我们能做到的也只是翻译。梦的复杂性说明里面有多种不同的元素以不同的方式结合在一起，因而产生的意义也不尽相同。这都要归结于解梦人艺术，是他们让人们更容易理解这些文本。

这样一来，解梦人能把梦中每一个要素整合起来，解读所有复杂的梦境。因此，在解读一个人梦境的时候，解梦者必须效仿占卜者。因为他们知道如何把每个元素融入整个事件，并且在他们把每一个元素融合为一个整体之后再做出相应的判断。[21]

这可能说起来容易做起来难，因为许多迹象可能不止有一种解释，所以这些因素都应考虑在内。如果一个梦境中的许多元素都有不同的解读，那么此时对这个梦境的解读就不尽相同。这就是解梦被称为是一门艺术的一个原因。阿提米德罗清楚地阐述了这一艺术的几条基本原则。第一，必须对梦境和做梦者都有所了解。第二，"凡是在梦境中出现的元素如果与自然、规律、风俗习惯、信仰或者与某些人物相符合则是吉祥的征兆；如果与这些东西相违背则意味着凶兆将要降临。我们可以推断出一些事物名称揭示出来的东西十分重要，大量的解释似乎是基于玩文字游戏（比如利用双关语）。比如，人们很难理解钓鱼竿和阴谋论之间有何关联，除非这个希腊词语是个双关语"。[22]

这种文字游戏看似是一个小问题，但实际上却反映了解梦过程的实质。梦境有一定的含义，因此一定存在某种形式的代码，根据这些代码可以破解梦境的意义。如果梦境的真实含义特别显而易见的话，就无须我们破解了。编码是一种方法，指的是用某种东西来代表其他东西。其中一种编码方法是通过使用同音词即同音异义词。英语里有许多同音异义词，比如，"yolk"和"yoke"、 "medal"和"meddle"。这种同音异义词的发音相同、意义不同。它们发音相同，因此它们二者可以相互替代（虽然在某种语境下它们的发音相同，但是在另一种语言背景下其发音不一定相同）。这并不表明同音异义词是唯一的解梦方式，但是我们需要注意的是，因为同音异义词是对于特定语言背景下而言的（甚至是对于特定语言背景下的某种方言而言），通常在翻译过程中同音异义词的特点会完全消失，它们在一种语言中表现出的明显关联，在另一种语言中变得完全模糊不清。

阿提米德罗说明了那些象征吉兆的梦境以及象征凶兆的梦境两者之间的区别。早在阿提米德罗生活年代的前 1500 年左右，上述观点就在一本埃及的解梦书中得以体现。令人困惑的是，书中的一些解释表明梦境反映的实际含义往往与表面意义相反。例如，如果一个人梦到自己突然死了，这是个好兆头。因为，这意味着他的寿命会比他父亲长。假如有人梦见自己在吃粪便，这也是个吉兆，因为这表示他会分得自家财产。如果一个男人梦到与一个女人发生性关系，则是一个凶兆，它象征哀悼。但是，如果这个女人是他的妹妹，则另当别论，此时则象征富足。关于最后一点，我们需要指出，在古埃及，兄弟姐妹之间的婚姻往往是由皇室亲戚执行的。所以毫无疑问，在解梦过程中也渗透着文化元素。

另外一本关于解梦的书来自古亚述（Assyria），只有一些残片留存下来。在此书中，梦境与将来要发生的事情之间的关联更加明显："如果一个人梦到经常越过国界，预示着这个人将来会变得举足轻重。"[23] 有些梦境的解释更加晦涩难懂："如果有人梦到吃海狸的肉，则预示着背叛。""如果一个人梦到有人给了他一个轮子，则预示着他会得到双胞胎的孩子。"[24] 我们可以注意到"如果……就会……"是典型的美索不达米亚记录预兆的模式。事实上，大部分美索不达米亚地区对梦的解析可以被看作是简单地将对预兆的理解转化对为梦境的解读。

简单地举例说明不同文化背景下是如何解读不同梦境的，对我们的讨论并没有多大帮助。梦境暗含着有关未来的信息，并且这些信息被以各种方式进行了编码，诸多证据表明这种观点在人类历史上获得了广泛认同。但梦也可能包含其他信息。在20世纪初期，另一本名为《梦的解析》（*The Interpretation of Dreams*）的书出版了，该书作者是西格蒙德·弗洛伊德（Sigmund Freud）。弗洛伊德对梦的研究并没有从一个全新的视角出发，而是延续了前人的主题，他十分欣赏早期作家在这一主题上所做的研究，包括阿提米德罗。弗洛伊德给他的书命名为《梦的解析》，旨在反对那些认为梦毫无意义的人。另一方面，以前许多占梦者将梦境完全置于纯粹的幻想中。弗洛伊德认为，梦是有意义的，但他们对梦境的解释应该具有科学依据。在这里，我们要十分强调"scientific"（科学的）这个单词。那些带着疑问去阅读关于弗洛伊德书籍的人，都会被激发出一些想法，其中有些想法就是关于他们的梦境。弗洛伊德得出结论：这些梦境都与他们的疑问有关。"把梦本身视为一种症状，然后再对症下药，这一过程只有一步之遥。"[25] 因此，弗洛伊德认为：梦是有意义的，但梦境的意义与做梦者和未来都无关。因为，人们在做梦时其意识是不受控制的，做梦时便会揭露许多潜意识里隐藏的东西。

弗洛伊德认为，梦揭示了人们内心深处的渴望，即对性的追求。弗洛伊德的这个结论无论对错都无关紧要，重要的是他将梦境看作一面镜子，借此我们可以反观其身。"认识你自己"作为铭文被刻在阿波罗神庙的门柱上，是为了纪念与上帝有关的智慧。弗洛伊德认为，梦境提供了一条通往自我认识的道路。

弗洛伊德在多大程度上取得了新突破，这只是个人观点的问题。埃及人对梦见死亡的梦境做出的解释：意味着做梦者本人的寿命比其父亲长。对此约瑟夫·卡斯特（Joseph Kaster）认为这堪称是在弗洛伊德3000多年之前的一个优秀的直觉心分析。由于做梦者本人对其父亲死亡感到压抑，产生一种无意识状态。出于内心的极度愧疚之情，因此他便会梦到自己也突然死亡。[26]

无论这个解释是否正确，在古代著作中还会发现许多对梦境更为晦涩难懂的解读。或许是占梦者心理扭曲才对梦境做出如此晦涩难懂的解读。最后，人们都渴望能解读梦境的确切含义，但是这些梦境的真正含义究竟是什么，对此，仍然存在许多分歧。

预兆

　　预兆是未来事件的标志，并且形态各异，互不相同。对预兆的研究是对世界运行模式、运行规律及其相关性的研究。因此当我们看到一件事时，便知道接下来很可能会发生什么。其中一些预兆已变为俗语，如："夜空红彤彤，牧人兴冲冲；早空红彤彤，牧人忧忡忡。"夜空红彤彤预示第二天为好天气，但早空红彤彤则预示当天为坏天气。虽然其结果并不一定如此，但是根据人们所期望的结果，预兆往往有"好"或"坏"之分。对于那些天气之于他们很重要的人来说，预知将要发生的事确实大有裨益。在一定程度上这些预兆是可靠的，关于天气的预兆通常有科学依据，这可解释预兆与现象之间的关系。

　　一个预兆的基本结构将所谓的"前提"（即标志）与"结论"联系起来。至于两者如何联系尚不清楚。我们不必将前提视为结论的真实原因，它们之间只是存在某种联系，不管这种联系多么模棱两可或遥不可及。许多迷信都是基于对预兆的信仰，人们相信一些东西是"好运"的预兆，而其他则是"噩运"的预兆，这种信仰将以某种不明确的方式表现出来。

　　出于某些原因，英国有很多迷信围绕黑猫展开，这也许是因为女巫经常被认为是饲养猫的人。在某些国家，黑猫被视为恶魔，或者甚至是已变为猫的女巫。这有时使得黑猫的生活变得岌岌可危，或许会遭到大规模屠杀。然而，迷信的方式往往是不可预知的：

　　在几年前的斯卡布罗镇（Scarborough），水手们的妻子喜欢在家养猫，以此确保丈夫在海上的安全。这赋予了黑猫如此高的价值，以至于他人无法饲养黑猫，因为它们总被偷走。[27]

　　此文写于1866年，很明显这指的是英国北部黑猫的黄金时代。然而在英国，黑猫与好运和霉运之间的联系同样多，这表明很多迷信的依据是极其脆弱的。

预兆在古代美索不达米亚的日常生活中发挥了重要作用。其重要性引导人们对成千上万的预兆进行记录、分类和分析。显然，如果两个著名的事件发生在距离彼此很近的地方，那么它们之间的某种关系就不禁让人浮想联翩。古代美索不达米亚人对天空的观察是非常敏锐的，尽管任何可观察到的潜在事物都可能成为某件事的预兆，但是古代美索不达米亚人所观察到的很多预兆都与天体事件有关。然而预兆不仅为事件之间的结合，它们还透露了世界上一些神明的事物，预兆则被视为上帝与人类沟通的主要渠道。

虽然关于预兆最早的书籍可能没有任何特定的形式，人们很快就发现，这些材料可用不同方式进行分类。例如，可以将与羊有关的所有预兆放在一组，与驴有关的所有预兆放在另一组。然后可将与驴有关的预兆分为与一头驴有关的、与两头驴有关的，等等。最终，世界上不同事物的一种分类，以及这些事物所代表的预兆将会产生。事实正是如此。

与预兆相关的不同书籍也许会使用不同的方式将资料归类（一只黑猫可归在"黑色"或"猫"的文件夹之下），但单个的预兆总是以相同的格式出现："如果这样（条件从句）然后那样（归结子句）。"关于梦的作品便遵循同样的结构，而且这不足为奇，因为梦被视为预兆的载体。我们不清楚在清醒的生活或在梦中看到的东西有多少不同。但我们清楚，在美索不达米亚人和埃及人与梦有关的作品中，预兆并不被视为所有事情的定论。而且它们预言的东西并非不可避免。因为预兆是神给予的信息，而神有可能改变自己的主意。苏美尔的文本中包含对太阳神沙玛什（Shamash）的祷告，其中有一句诗："我们要把已有的梦想变得更好！"[28] 因此，预兆被视为对将要发生的事情的警告，除非人们采取了措施来避免它。

这是西塞罗在其作品《论占卜》（*On Divination*）中阐述的观点："不利的预兆……并不是接下来所发生事情的原因。它们只是预言那些不采取预防措施便会发生的事情。"[29] 占卜是罗马的一种习俗，它拥有自己的学会。此学会为国家事务出谋划策，占卜师的任务是向朱庇特（Jupiter）咨询某事是否该做。也许因为朱庇特是天空之神，所以观察鸟儿飞越天空也是其中的一种占卜方法，占卜师可从中找到他们所想要的预兆。但给出预言并不是占卜师的任务，他们只是确定对于占卜之事朱庇特是否赞成。在罗马，人们保留了一个专门的看台用于此项活动。

罗马军队往往距离罗马很远。如果军队领导人需要确定朱庇特的意愿，而送回占卜学院等待结果又会太耗时，那么他们就会随军带上一只神鸡。当需要查看征兆时，人们便会给神鸡喂食，神鸡吃食的方式则形成了占卜。西塞罗讽刺地说道，保持鸟类饥饿的简单的权宜之计，几乎保证了神鸡可以按照某种确定的方式吃食。如果预兆能以这种方式固定，显然不能被严格地视为朱庇特的预言。截止到西塞罗时代（公元前1世纪），占卜的许多传统方法在罗马已明显年代久远且声名狼藉了。

雄鸡占卜是表示以动物的行为来寻求预兆的一般术语，尽管罗马将领千方百计地将不好的名字赐给它，但此名一直沿用至今。无论人们是否真的相信，土拨鼠日确实是美国的一个习俗。冬天持续时间的长短取决于土拨鼠在2月2日能否看到自己的影子。

西塞罗指出，预兆可以是自发的，也可以是被诱发的。跟梦一样，它们可能是"恰巧发生"，或者可能是有意引起的。至于为什么预兆不能随时随地将自身完全显示出来，并无明显的或合乎逻辑的原因可解释这一现象，但明显的是人们会在特定的地方寻找预兆。一些神话似乎已经成为可追寻预兆的地方。埃彼道鲁斯·里摩拉（Epidaurus Limera）古城遗址坐落在位于希腊南部的莫奈姆瓦夏（Monemvasia）附近。此处流传着关于女神伊诺（Ino）的神话，其在一年一度的节日上向人们宣布预兆，而获得预兆的方式是不同寻常的。人们烤一个大麦粉的面包，并将其投入神圣的泳池中。如果面包沉没，那它就是好兆头，因为女神已经接受了献祭。如果面包浮出水面，则为坏兆头，因为她并未接受献祭。到底当地面包师的技能在多大程度上会影响到这一特定过程的结果，了解这一点将是非常有趣的。然而，实际地点，例如神话的位置，并不是可寻找预兆的唯一地点。

在不同寻常的地方寻找

　　人类已在各种各样的地方寻找过预兆和神话，其中包括一些非常令人惊讶的地方。在中国实行的早期占卜法涉及动物骨骼。此方面的艺术专家似乎早在公元前 3 世纪就已存在，但是这种做法在公元前 2 世纪末的商代期间才自立门户独放异彩。似乎也是在此期间，作为一种可供选择的动物骨骼——龟壳的使用被引进中国。这两种情况的基本技能是相同的：对龟壳或骨头加热，这会让其出现裂纹。占卜师的任务便是读取这些裂纹所传达的信息。人们使用的主要动物骨头是肩骨，其中很多已被保存下来，上面的铭文通常记录着被问到的问题。这种占卜的方法，有时被称为火卜，因为这种方法用到了火，商朝的统治者经常使用它，以此来确定他们伟大的神明——商王的意愿。

　　一种更古怪的占卜方法，至少对现代人来说算古怪的，是肠占卜（也被称为牲羊之脏卜），其中包括检查死亡动物的内脏，特别是肝脏。这在古代美索不达米亚被广泛使用，而在欧洲，伊特鲁里亚人（Etruscans）被认为是其发明者，他们把此发明归功于塔吉斯（Tages）。塔吉斯是伊特鲁里亚的传奇人物，相传有一天他从地下冒出来，教会人们各种各样的事情，包括肠占卜，然后便又消失到地下。因此他被视为伊特鲁里亚文化的创始人。

　　至于为什么动物的内脏看起来像是一个可被用来观察的好器官，一位想要自己尝试的现代作家解释了其中有趣的原因："我发现，如果你把一个新鲜屠杀的羔羊肝脏取出来，它可作为一面完美的镜子，在里面我可以清楚地看到自己的脸，此现象会持续 15 或 20 分钟。在此之后，它就变得阴暗，便不能充当反光镜。"[30] 内脏能够作为一个在其中可看到事物的天然镜子，此事实可能在一定程度上解释了它们在占卜中的用处。然而，很明显它的用处比这要多。不管是在占卜过程中使用的肝脏模型，还是在此过程中培训人们所用的肝脏模型，都是从美索不达米亚和意大利流传下来的。他们清楚地展示了被分为不同部分的肝脏，并推测，在这些部分中出现的异常特征将具有自己的特殊意义。显然，

100

肝脏不仅可用作镜子，对于那些有能力阅读它们的人来说，还是可被识别的各种信息的载体。

如果现代人很少有过肠占卜经历，那么面团占卜的情况便会截然不同。虽然人们对于这个词并不熟悉，但任何在中餐馆曾打开过幸运饼干的人，其实早已参与过此种占卜了。面团占卜似乎起源于中国，是一种非常古老的占卜法。在最初的表现形式中，它似乎包含了烘焙蛋糕过程中所融合的哲学知识。占卜显然来自这种行为：选择特定的蛋糕，由此人们会收到特定的文字解析。类似的事情在古希腊也得以实践。幸运饼干只不过是同一个想法的更新版本。其基本思想在世界各地有关食品的风俗中流传下来。以我亲身经历为例，过去常见的做法是把一个或多个硬币放入圣诞布丁中。布丁中放入的硬币意味着好运。我的外祖母可能是罗马将军的后裔，她过去常设法让每个外孙总能拿到内有硬币的布丁！

当今世界仍然实行的另一种占卜法是圣经占卜。其中包括：从一本书中随机挑选一页和一段文章，并将其解释为一个预兆。虽然这本书不一定是神圣的，但是在这种做法中，人们常常使用宗教文本，对于基督徒而言，则通常是指《圣经》。宗教文本在生活中会提供指导是一个常见的观念，而圣经占卜是一种识别特定建议的方法，这种建议与特定情况相关。虽然基督教会一般不是占卜的崇拜者，更不是占卜的倡导者，但数世纪以来，圣经占卜一直被默默地接受着，有时甚至受到人们的鼓励。《易经》和其他中国神话文本可被视为一种形式的圣经占卜。

如今在很多地方，纸牌占卜是另一种仍然在用的占卜法，此方法涉及了纸牌的使用。虽然任意一种纸牌都可以使用，但是人们经常使用专门的塔罗牌。由定义可知，在纸牌发明以前，通过使用纸牌才可进行的占卜是不可能开始的。没人能说出它们何时何地被发明出来。有关塔罗牌的起源时间有两种说法，其中一种认为塔罗牌可追溯至 6000 年前，与之相对的另一种说法则认为塔罗牌起源于近代。无论真相如何，显而易见的是，使用纸牌的占卜法至少可以追溯至数百年前。

面团占卜和圣经占卜中的现有文本，只能由询问者以某种方式选择。在纸牌占卜中，人们必须产出"文字"。不管人们怎么使用纸牌，它们是不会自己发言的，因此必须有人从中获取文本的意义。这些对于茶占卜同样适用。茶占卜起源于中国，其中包括人们寻找并解释留在杯中茶叶的图案。墨迹测验是由精神病医师赫曼·罗夏克（Hermann Rorschach）发明的，无论该测验的实际意义是什么，它都清楚地表明，人们可以将完全不同的东西解读成各种图案。根据人们的观点，像纸牌占卜和茶占卜的做法都使用了各种图案，以此来刺激读者的想象力或精神力量。不论哪种情况，占卜似乎都更多地依赖读者而非图案。

因为任何东西都可能是一个预兆，任何东西都可能用于占卜法，或作为其辅助方法。然而，人们很难理解一些形式的占卜到底是如何被思考出来的，更不用说付诸实践了。一个相关的例子是钥匙占卜：

使用钥匙占卜时，巫师写下对罪行的描述，而这些罪行已被刻到一把钥匙上。钥匙与《圣经》或其他神圣的书是有联系的，两者都被悬挂在处女的手指上。钥匙和书的运动是由公式决定的，其会预言被告者有罪还是无辜。[31]

几乎没有必要补充，这种占卜法会起作用的唯一情况是：当太阳或月亮位于处女座时！然而，不管这看起来有多么不可能，中世纪的欧洲确实是使用钥匙占卜的。

我们可以列举更多的例子，但是我认为已经提出了足够多的示例来展示各种各样的方法，这些方法是人们在占卜中设计并使用到的；而且也列举了足够多的例子来展示怪异的地方，在这些地方，人们决定追寻预兆和建议的脚步。虽然我没有理由相信钥匙占卜在现实生活中会有任何的从业人员，而肠占卜最多也只有几个，但是许多其他的做法不仅得以幸存，而且还茁壮成长起来。

萨满教

从占卜的方法和地域方面的论述，我现在转向与占卜有关的特殊群体。"萨满"一词来自西伯利亚的通古斯语（Tungus）。虽然这个词可能来自西伯利亚，但人们在世界各地和历史进程中，都可找到散落的萨满教的可识别形式。这些在多大程度上具有共同或独立起源还只是猜测。有证据说，萨满教是从石器时代流传下来的。1940 年在法国拉斯科洞穴（Lascaux grotto）发现了绘画，人们认为它描绘了与萨满教相关的场景，这些绘画可保守地追溯至公元前 14000年。很显然，在有文字记录的历史开始之前，萨满教有足够的时间来扩大其影响力。

没有萨满巫师便没有萨满教，萨满巫师扮演的角色是"到其他世界旅行，并利用已知的知识来获得积极的结果。这样，萨满巫师便成了上帝与人类之间的中间人"。[32] 萨满巫师被描绘为世界的旅行者，但他（萨满巫师通常为男性"他"）是如何做到这些的，此为另一个问题。怀疑论者会否认萨满巫师曾真实地去过所有地方，而信徒则会坚持认为，萨满巫师的旅行不是想象出来的，而是非常真实的。在一些文化中，萨满教与某种精神药物的使用密切相关，例如梅斯卡灵（mescaline，来源于佩奥特物仙人掌）和赛洛西宾（psylocibin，俗称"神奇蘑菇"中的活性成分）。仙人掌和蘑菇都生长在墨西哥，这里拥有强大的萨满教协会。使用"旅行"这个词来描述一些药物经历，也许暗示了萨满教改变状态与之类似。在某种意义上，吸毒者事实上不会到处"行走"，但由于一些药物能改变人的观念，因此他们的经历就成了另一个地方，和另一个世界的经历。

奥尔德斯·赫胥黎（Aldous Huxley）试用了梅斯卡灵，并在《知觉之门》（*The Doors of Perception*）中写下了他的经历："我们其余的人只有在梅斯卡灵的影响下才能看到的东西，那些艺术家总是先天就能看到。因为艺术家的认知不局限于对生物或社会有用的东西里。"[33] 这本书的标题摘自威廉·布莱克（William Blake）在《天堂与地狱的婚姻》（*The Marriage of Heaven and Hell*）中的一些话：

如果认知的大门变得洁净了，那么世间一切都会把自己真实的模样呈献给人类，十全十美。因为人类已把自己封闭起来，所以直到他在狭窄洞穴缝隙中能看到一切时，这才会实现。[34]

这反过来又是柏拉图所说的洞穴故事的暗示。必须强调的是，虽然在一些文化中，萨满巫师肯定使用了药物，但不会总是如此。据神秘主义者说，似乎总会发生的情况是，萨满巫师能够进入一种意识转换的状态，这类似于宗教中的出神状态。化学药品能为人们进入这种状态提供一种手段，但其并非唯一的方法。

无论它是如何发生的，据说萨满巫师确实能够看到别人看不到的东西，他们知道并且能够接触到别人所不知道的潜在维度。无论是从隐喻方面，还是从字面上理解，萨满巫师都能进入别人进不去的境界。另一个境界不仅不是空无一物的，相反，还充满了灵魂，萨满巫师通常有自己的灵魂向导，以此帮助并引导其通过这个精神境界。这些灵魂向导通常以动物的形式出现。有时，萨满巫师自身也是以动物的形式出现，完成精神世界的旅行。

这些旅程的目的可能有所不同，其在很大程度上取决于萨满巫师在特定社会中的角色。通常萨满巫师是一个医治者，但治疗可能不是他唯一的技能。萨满巫师或许也可作为其生活群体的代表，去往精神世界。他能把精神世界的信息带回自己生活的群体，这赋予了他类似于文化英雄的角色。萨满巫师与英雄的相似之处远不止这一点。约瑟夫·坎贝尔（Joseph Campbell）表示，英雄冒险的典型结构有三个基本部分。首先是出神（通常是在某种呼唤之后），然后是启蒙，最后是回神。[35] 出神和回神是萨满经历的基本组成，而启蒙之前的呼唤似乎是使人们变成萨满巫师的一个重要步骤。有时，"呼唤"只不过是一种期望，即儿子将要遵循父亲脚步的期望。有时，它会以一种非常不同且更加戏剧化的方式出现。黑麋鹿（Black Elk）是奥格拉拉苏族（Oglala Sioux）的萨满巫师，他讲述自己看到两个人从天而降，召唤他担任这份职务。但召唤通常只是开始。为了成为萨满巫师，人们通常要经历一个启蒙的过程，这可能涉及死亡和重生的仪式。在澳大利亚的阿兰达（Aranda），萨满巫师的候选人必须在一个特定的洞穴外等候。然后，他会经历一个被"杀死"的仪式，接着被带进那个洞穴中。一旦进了洞穴，神灵便会用新内脏代替他原来的内脏。他从洞穴中出来时，简直就像换了一个人。

在 20 世纪 60 年代末和 70 年代初期，人们对萨满教的兴趣得到了极大的提升，在此期间出现了两本截然不同的书籍。据称，卡洛斯·卡斯塔尼达（Carlos Castaneda）的《巫士唐望的教诲》（*The Teachings of Don Juan*），讲述了作者与墨西哥萨满巫师的冒险经历，而米尔恰·伊利亚德（Mircea Eliade）的《萨满教：古老的入迷术》（*Shamanism: Archaic Techniques of Ecstasy*），显然是对此话题的重要学术讨论，关于卡斯塔尼达的书（以及之后的书），对其准确性和真实性的意见仍然存在分歧，但是伊利亚德的作品，在使萨满教成为严肃的学习课题方面，发挥了极其重要的作用。迈克尔·哈纳（Michael Harner）的《萨满之路》（*The Way of the Shaman*，1980）比任何一本书都实用，他承认上述两本书对其作品有所帮助。对于哈纳来说，萨满教最重要的是治愈功能，尽管在秘鲁的科尼堡（Conibo）人之中，其最初由药物引发的幻觉和经历与治愈毫无关系。为了更明确地将这些与智慧联系起来，可能有人会说，萨满巫师可以获得智慧的来源，但是至于他利用智慧去做什么，却是另一回事。同样，伊利亚德书的副标题强调了出神的方法，而不是出神的用处。

当我们从方法转向目标时，萨满巫师的形象便少了异国风情，多了些熟悉感。许多社会都有自己的"智慧男性"和"智慧女性"，人们往往转向他们去寻求治疗、建议及各种各样的帮助。萨满巫师能执行所有的这些功能，但比许多同行更加戏剧化。

现代占卜

虽然占卜历史悠久，但它不只是出现在偏远的地方和遥远的时期。在世界各地，对数百万人来说，占卜以各种各样的方式存在，且仍然是他们日常生活中的一部分。两个案例研究可以说明这一基本观点。二者都来自20世纪后期，并且对咨询过程如何运作的问题做了深入研究。

第一个来自奇奇卡斯特南戈（Chichicastenango），这是危地马拉的一个城镇。琳达·舒勒（Linda Schele）被邀请去拜访塞巴斯蒂安·潘乔伊（Sebastian Panjoj），他是占卜者，也是当地的地方法官。在两张桌子上，他有各种各样的物品，包括蜡烛、硬币、鲜花和零散的部件及碎片，例如破碎的手表。桌子上也有几块形状各异、大小不一的石头。它们当中的大多数是又小又黑的，但有些则是水晶的。在其为了变成一名占卜者而接受的为期260天的启蒙过程中，他获得了其中的大部分石头。（260天的时间对于玛雅人来说是很重要的。）桌上还有一些红豆。此过程中，占卜者会问一个问题，收费5格查尔（危地马拉货币单位，大约1美元）。

他把所有的豆子聚集在一堆，通过手腕的回转运动，让手指在豆子中间划动，以此把豆子推向四周。然后他用手指把其中一组聚集在一起，并将其拉进第二堆里。他并没有对豆子进行计数，但当数量足够多时，他似乎能感觉到。他把豆子跟水晶分成四组，直到桌子上排有两行为止。[36]

除了问几个问题，将豆子聚集在一起，又将其分散成几组之外，占卜者并没做其他事情，此动作会重复几次。然后他会回答之前被问到的问题，答案是"非常意想不到的，但又是非常令人满意的"。他还提出稍后会举行一场仪式，以此"解决通过豆子检测到的问题"。[37] 整个过程只需要几分钟。而另一个过程需要的时间更长，主要是因为占卜者稍后问了很多问题。尽管某种力量似乎来源于那些石头，但是这些豆子在配合完成工作之外，是否还构成了其他任何东西尚不清楚。

第二个来自布基纳法索（Burkina Faso）的乌尔比亚（Wourbira）地区，此处为洛比人的居住地。顾客去拜访占卜者，并被带到一个特殊的房间。占卜者打开占卜袋，拿出各种各样的物品，其中包括一个钟和玛瑙贝壳。他祈求上帝和神灵的保佑，并询问他是否可以继续此次占卜。与危地马拉的例子不同，占卜者不会询问顾客问题。因为那些问题是写给神灵的。占卜者将顾客的右手握在自己的左手中，握手的动作则预示着问题的答案。设计的大多数问题，都是用"是"或"否"来回答的，这在很大程度上取决于占卜者提出正确问题的技巧。占卜者时不时地用右手将玛瑙贝壳投到地板上，以此检查他的理解是否正确。玛瑙贝壳降落的方式决定了他是否理解正确。贝壳降落的方式最有可能意味着答案是"否"，所以此检查过程非常严格。"占卜者收集了最重要的信息之后，便把问题转交给顾客，至此，顾客是一直保持沉默的。"[38] 顾客可能要保持沉默很长时间，因为在典型的咨询中，占卜者可能会问数百个问题。此阶段的结果通常是，占卜者会把特定命令传递给顾客，这些命令是神灵发出并确认过的。而顾客是否会选择服从这些命令，完全取决于他们自己。

我不想对这些例子进行深入分析，但需要指出几个基本点。从表面上看，前一个占卜者所采取的方法更加直观，而后者采取的方法更为系统化。虽然其所进行的占卜肯定是在宗教环境下进行的，但后者以一种方式明确地阐述了精神世界，而前者并没这么做。第一个占卜者的方法很难懂，而后者的方法很易懂。而且，第一个占卜者在后者找到问题之前，就可给顾客提供答案。但为了帮助顾客避开任何负面的可预想到的结果，他会一直发挥自己帮助顾客的作用，而一旦顾客离开并结束了此次咨询，第二个占卜者的关注便结束了。看起来两者要继续做好交易。

人们因为很多不同的原因而求助于占卜。通常而言，占卜只不过是为了多一点保证而已，而且这种需求很容易满足。但是，千百年来许多人想要的不止于此。他们求助占卜是想要获得一种优势，以便应对变幻莫测的命运。如果明确了各种可能性，就更容易应付所发生的事情。如果潜伏在未来的不受欢迎的事情可以一起避免，那就再好不过了。不仅如此，洞察未来也是非常有利的。长期以来，人们想要遥遥领先的欲望一直在持续，而且有很多人非常乐意去满足人们的这种欲望。

如今，预测行业是一个价值数十亿美元的行业，其为数十万人提供了就业机会……每年，预测行业为我们提供价值 2000 亿美元的信息（大部分是错误的），而各类专家的预测记录普遍较差。[39]

事实上，大多数做预测的人多数情况下会出错。难怪加图（Cato）发现很难理解两位占卜者如何做到在罗马大街上遇见而不会突然大笑起来这件事。事实上，那些撰写报纸专栏、为股票市场或赛马赌博提供专业建议的人，与撰写占星术专栏的人成功率大致相同。来看一下前面提到的两位占卜者是如何反驳预测者的，这将会是一件非常有趣的事情。

那些从社会人类学的角度来看占卜的人，强调了占卜者在社会中的作用。在占卜备受尊重和重视的地方，那些懂得占卜的人占据了举足轻重的位置。如果人们通过占卜可以做出决定，那么这种方式定会应用在许多事情上。古代机构，例如建立在德尔斐的阿波罗神殿，其影响可由金库的数量和大小来衡量，而这些金库是很多希腊城市建立在寺庙附近的。其声望、权力和财富都是无限巨大的。让美国人担心的，不是里根时期的白宫政府曾向占星师咨询过，因为他们中的很多人都曾以一种或另一种方式向其咨询过。他们担心的是占星师会对政府政策有潜在的影响。

占卜在加强和维护社会价值观中也发挥了重要作用。这无疑是印加帝国胡卡的功能之一。当占卜者被问到某人该不该做某事的时候，人们显然要求他们对可接受的事情给予保证，对可能发生的事情给出建议。一个声称自己能传递出上帝或神灵信息的占卜者的话语不能被视为纯粹的观点。在一些社会中，占卜者对于塑造人们的是非行为观产生的影响，与其他社会中知心阿姨对社会产生的影响一样大。

占卜并不一定要依赖于各种各样的神灵所传递的信息。在一些习俗和文化中人们更多地相信，世界上的一切工作都是有规则的，并且人们相信其可窥一斑而知全豹。但是，无论我们是否正在思考来自占星家的信息，或思考他对于未知的世界如何运转的理解，我们都仍然处于智慧的世界中。

KAΘΗΣΘΑΙ
ΠΡΟΣΚΥΝΗ
ΣΟΝΤΑΣ.

PYTHAGORAS

《毕达哥拉斯》

毕达哥拉斯与牧羊人讨论的刻画是由 16 世纪的意大利艺术家朱利奥·博纳森（Giulio Bonasone）完成的。

一个传统的说法是，毕达哥拉斯创造了"哲学家"一词，这将他置于了哲学史的开端。很多不同的传说都声称，毕达哥拉斯为自己文化中的人物。但他与著名的以其名字命名的几何定理不太可能有任何关系。

第6课

智慧与哲学

古老的传说认为，"哲学家"一词是由毕达哥拉斯发明的，其字面意思是"智慧的热爱者"，他们致力于"思考及发现自然"。[1]虽然他们头脑中不只装有对自然的思考和发现，但我们知道，在西方哲学传说的历史上，很多早期人物都投入大量的时间，试图去了解世界运行的潜在基本规则。因为希腊词中表示自然的词是"physis"（自然界生长原则），因此对自然的研究就被称为"physics"，即"自然科学"。尽管现在我们将其视为科学，但数世纪以来，它都是哲学的一部分，并且有时被称为"自然哲学"。

据西塞罗说，苏格拉底"是首位使哲学从天上回到人间的人……他迫使女性开始关心有关生命、道德，以及善恶的问题"。[2]尽管苏格拉底肯定不是第一个这样做的人，但我们知道他对人们应该如何生活的问题感兴趣。这个调查领域被称为"伦理学"，其出自希腊词"特性"。

继苏格拉底之后的很多人都将哲学分为三部分。他们将"逻辑学"（出自希腊词，意为"思想"或"理性"）加入"自然科学"和"伦理学"中。哲学的第三部分涉及我们如何了解事物，以及如何正确地进行推理和辩论。关于三者中哪个是最重要的，以及它们是如何组合在一起的问题，不同哲学家有不同看法。然而，在他们之中很长一段时间内，"自然科学""伦理学"和"逻辑学"被广泛视为涵盖了哲学的所有方面。

为了说明此观点，也许要指出的是，对于哲学到底是什么的问题。哲学家们经常彼此之间有不同的观点，这使得哲学成为一个与众不同的研究领域。此外，虽然"哲学"是指"对智慧的热爱"，但并非所有的哲学家都对智慧感兴趣，更不用说爱上它了。让人惊奇的是，我们发现在与哲学相关书籍的索引中也并不总是会出现"智慧"。这在过去并不总是如此。

毕达哥拉斯、赫拉克利特和恩培多克勒

通常，西方哲学被认为是从米利都的泰勒斯开始的，其为古希腊七贤之一，但有些人说它是从毕达哥拉斯开始的。一本希腊智慧文学书宣称："毕达哥拉

斯是第一位哲学家。他是苦行博学者之一，是伟大的哲学家之一，也是最杰出的古人之一。"[3] 他的重要性毋庸置疑，但有关毕达哥拉斯的故事和传奇如此之多，以至于后来甚至他的存在都受到了质疑。然而，我们似乎可以确定的是，他出生在萨摩斯岛上，在约公元前 530 年时迁移到意大利南部，在此地度过了余生。他身边吸引了一大批追随者。因此在西方哲学历史上，毕达哥拉斯主义可能被视为第一个真正有组织的学派。尽管在现代社会中，它也许更类似于异教或邪教。像很多教派一样，它的保密声誉非常好，这就使得对其信仰进行精确重构变得格外困难。

毕达哥拉斯的名字在今天之所以很有名，是因为与他结缘的几何定理。事实上，他不太可能与此有任何关系。另一方面，这并非是完全不可信的，因为人们相信数字是理解宇宙基本原理和性质的关键，这是毕达哥拉斯主义的一个显著特征。毕达哥拉斯学派也相信灵魂转世，据说毕达哥拉斯本人可以回忆起他前几世的人生。人类的灵魂也许会转到动物的身上，而这就是毕达哥拉斯学派的人奉行素食主义的原因。他们的一些其他饮食习惯有点令人难以想象，数世纪以来，对于毕达哥拉斯为什么禁止其追随者吃豆子，人们产生了大量猜测，他们的一些非饮食习惯似乎只不过是迷信，如："穿鞋子时从右脚开始；洗脚时从左脚开始。"[4]

与其学派相联系，鉴于禁律、规定饮食及其他方面的数量，认为毕达哥拉斯是一个禁欲主义者的想法并非不合理。其知识渊博的声誉也得到了比他年轻的同时代人——赫拉克利特（Heraclitus）的证明。尽管赫拉克利特承认毕达哥拉斯是阅读极其广泛的人，但他也批评毕达哥拉斯的一知半解。其中的含义似乎是尽管毕达哥拉斯拥有广泛的知识，但缺乏深度。似乎赫拉克利特在毕达哥拉斯主义中看到一定程度的折中主义，但这让他无动于衷。他也指责毕达哥拉斯的某些不端正行为。具体他的想法我们不得而知，但早期毕达哥拉斯学派的人肯定不总是受到邻居的欢迎。事实上，毕达哥拉斯和他的追随者似乎是被人们在克罗顿（Croton）赶出来的，这是他们在意大利南部建立的第一个地方，之后便被迫搬到别处。

据说毕达哥拉斯什么都没写过，但人们认为很多语录都是由他创作的。其中一些便涉及智慧，包括"智慧是心灵的良药"这样的言论。[5] 如果毕达哥拉斯持有这样的观点，那么该观点肯定不是专属于他自己。相反，这句话总结了许多古代哲学家的想法。让毕达哥拉斯主义更为与众不同的是其对数字的重视，以及认为世界秩序本质上是数学模型的信念。无论毕达哥拉斯个人是否能够完全担得起这样的声望，但是关于世界是如何运作的这样真正具有革命性的观点，毕达哥拉斯的名字一直都与其有着密切关系。

无论赫拉克利特会告诉我们关于毕达哥拉斯的什么事情，仅凭借其自身能力，赫拉克利特也是值得一提的。赫拉克利特来自以弗所（Ephesus），他在此地似乎主要过的是平淡无奇的生活。许多语录都归功于他，其中一些语录比别人的更易理解。他非常喜欢以一种矛盾的方式来表达自己的观点，例如："海是最纯净也是最污浊的水。"[6] 但是此言论的隐含意义很快便被揭示出来：海水对鱼来说既可口又健康，但对人类来说不仅不能喝还不健康。当对一件事进行深层次审视时，表面上看起来矛盾的地方便不再是矛盾。人们认为赫拉克利特最著名的言论也与水相关。在表面上，他那"人永不可能两次走进同一条河流"的说法再次令人费解。但是如果我们用"完全相同的"来理解"同样的"一词，其含义立马就变得简单了。水不会在河床上静止不动，而是一直沿着它流动，所以在任何特定的时刻，水都在不断变化。即使我们两次都在同一地点走进同一条河流，我们第二次走进的河水与第一次也是不相同的。这个著名观点包含了赫拉克利特哲学的核心思想：我们所处的世界正在不断变化。然而从另一个层面上来说，我们确实两次走进了同一条河，因为不断变化的水在河岸间及河床上流动，而河岸跟河床是永恒不变的，所以"我们走进而又没有走进同一条河流"这句话是正确的。[7] 只是因为世界是不断变化的，但这并不意味着它是杂乱无章的。

根据赫拉克利特的观点，我们可以说世界万物在秩序的限度内是不断变化的，而这种秩序的限度也是理性的限度。赫拉克利特在其中一个较为晦涩的言论中指出："智者掌握了万物是如何被操控的知识。"[8] 很明显，我们可以用多种方式来解释此观点，但在其中我很想看到的观点是，智慧与理解有序变化的根本过程有关，而这种有序变化为世界万物奠定了基础，并推动其发展。这将使得赫拉克利特的哲学与《易经》的世界观相接近。在另一个晦涩的言论中，他提出："人是明智的，他不愿意而又愿意被人以宙斯的名义称呼。"[9]这部分似乎暗示了智慧是神圣的；真正的问题在于理解其他部分的意思。按其定义来说，意思是存在不神圣的智慧？或者还存在着超乎神圣智慧的智慧？在我看来，答案是前者。虽然翻译版本不同，但赫拉克利特的另一个说法是"爱智慧的人必须是很多事情真正的探究者"。[10]如果人类永远不会接近智慧，那么这种探究是否只能是徒劳的？

最后在本节我将转向另一位古代哲学家，恩培多克勒（Empedocles，约前494—约前434）。他来自西西里岛（Sicily）上的被称为阿克拉噶斯（Acragas）的城镇，该城如今称为阿格里琴托城（Agrigento），他是比赫拉克利特年轻的同时代人。虽然证据还不足以下此结论，但有些人认为他是毕达哥拉斯的追随者。传说他不仅为其追随者，而且还泄露了学派的秘密。虽然这并非不可能，但据我们对于恩培多克勒的了解，他是一个太崇尚个人主义的人，因而不可能成为其他任何团体中的一员。他似乎拥有异常多样的技能："恩培多克勒代表……一种非常古老的性格，萨满巫师结合了魔术师和自然主义者，诗人和哲学家，传道人、治愈者和公共顾问尚未分化的功能。"[11]

关于恩培多克勒有很多丰富多彩的故事，包括他是如何跳入埃特纳（Etna）火山口而结束生命的。然而，他作为一个哲学家的声誉来自于其被保存下来的两部主要作品的片段。第一部作品书名为《论自然》（*On Nature*），该书试图用四个基本元素来解释世界，这四个基本元素为：土、火、气和水。除了这些元素之外，还有两个基本原则，被恩培多克勒称为"爱"和"斗争"。虽然这些元素被爱结合起来，但又被斗争分离开来，而这些似乎可理解为动态力，其可将元素组合分散开。第二部作品被称为《净化》（*Purifications*），其将人类悲哀归因于动物献祭及人类食肉的行为。这些玷污了人类，使之变得不再纯净。与毕达哥拉斯主义一样，素食主义的根源就是一种信仰，即灵魂可以并且是会被转化为各种生命形式。像毕达哥拉斯一样，他也回忆起自己以前的一些化身，其中包括一只蝴蝶，一只鸟和一片灌木丛。

如果人类的状况被视为一种杂质，那么从中逃脱就是经历一个净化过程，其第二部作品便由此得名。恩培多克勒表明，灵魂有可能最终超越所有这些转世，从而成为不朽之神。他也表明这是发生在他自己身上的事情。在《净化》的开篇之句中，他称自己为"永恒的神，不再是凡人"，称自己"受到男人和女人的尊重"，其中"数以千计"的人追随他，来寻求建议、预言或治愈。[12] 恩培多克勒似乎相信，通往不朽的路就是要经历净化，而通往净化的路就是要经历智慧。我们通过对自己所处现状的深入理解，可以解决如何逃离的问题。以这种方式理解，我认为恩培多克勒的哲学与佛教和诺斯替教（Gnosticism）之间有着高度的相似之处。

西塞罗有可能同意毕达哥拉斯、赫拉克利特和恩培多克勒都与"思考及发现自然"相关。他们每个人都试图探索大自然表面之下的东西，想要弄清楚到底是什么让宇宙一直不停运转。数字、变化、爱和斗争可能是此问题的答案。虽然我们对所有这些早期哲学家的了解只是粗略的，但他们不仅仅积累关于世界的科学知识。对世界如何运作的了解，为我们提供了与世界和睦相处的最佳机会。这似乎是他们取得智慧的核心。

苏格拉底、柏拉图和亚里士多德

西方哲学史上最著名的三位哲学家是苏格拉底、柏拉图和亚里士多德。据德尔斐的阿波罗神谕称，苏格拉底是他那个时代最有智慧的人。苏格拉底得出两个结论：首先，如果他是自己那个时代最聪明的人，那么人类的智慧并不足道；第二，像他拥有的这样的智慧似乎基于对自身局限性的认识，特别是在知识方面。可以指出的是，"知道自身局限性"是对著名言论"认识你自己"的解释之一，而此言论被刻在了德尔斐的阿波罗神庙上。自我质询有望揭露出我们是什么以及不是什么。苏格拉底的智慧应用于自身时变得谦卑，但当其应用于他人身上时，便成了一个挑战，要么主张捍卫知识，要么主张抛弃它。

因为苏格拉底什么也没写，所以我们所认为的对他的了解，大多数来自他人，特别是他的学生柏拉图的作品。柏拉图描绘了一个不断提出质疑并经常惹人生气的人物形象。他的对话中总是充满了插曲，有人信心满满地参与到苏格拉底的讨论中，过了一会儿却离开了，而且消失得无影无踪。

与苏格拉底不同，柏拉图创作了很多作品，且贯穿他人生中的很长时间。要想了解他对事情的看法，必须将其观点拼凑起来，而这些观点分散在其作品的各种言论中。不同的人倾向于以不同的方式将它们拼凑起来。在智慧的话题中，柏拉图的哲学突出了两个重点。首先，他似乎是首个将智慧看作四大"基本美德"之一的人。另外三个美德是勇气、中庸和正义。拥有这些美德的人脱颖而出，使人类得到了极大的发展和提高。四者当中，智慧是最重要的。其次，智慧也是能带人类与神最近距离接触的东西。我们尽可能地变得神圣，从而尽可能逃避人类病症的局限性和黑暗面。我们很容易看出其中一些人是如何从柏拉图那里获得灵感的，例如希坡的圣奥古斯丁逐渐获得了对智慧真正精神层面的理解。

柏拉图的学生亚里士多德从一种完全不同的方向思考事情。贯穿他思想的一个核心观点是"智慧是关于某些原理和原因的知识"。[13] 所以虽然智慧是一种知识，但它不能与普通的事实知识混淆。我们可以说，智慧涉及更多的是"为什么"而不是"什么"。当亚里士多德说智者"尽可能地了解所有事情"[14]时，他并没有想到存在于人类广泛记忆中的、一些令人惊奇的百科知识。相反，他正想的是对世界如何运作进行深入理解，或者重复我之前使用的一个短语，是什么让它不停运转。一个简单的例子可能有助于论证此观点。有人可以记住 π 的 100 位小数（人们已经做到了这一点）。然而对于理解 π 原理的人来说，并无必要记住 100 位数字，因为数字序列总是可以重新创建的。一旦人们掌握了基本的"原理和原因"，那么任何特定事实或现象都可被理解为由其衍生或产生出来。然而这并不会自动发生，有些人可能会以抽象的方式理解其中的原理，而没有掌握它们在实践中的含义。对于亚里士多德来说，智慧需要理解原理以及从中得出实际结论的能力。

对于亚里士多德来说，智者在生活中可不同寻常地自给自足。对于世界不停运转的基本原理和原因的研究，本质上是对世界的馈赠，此研究还为人们带来一种心理满足感，这在其他任何地方都是无法找到的。也许是在亚里士多德的著作中，我们首次发现了智慧和满足之间的明确关系。智慧不仅仅是有用的、有趣的或是可以给别人留下深刻印象的东西，它还能使生活变得有价值、令人满意。在我看来，这也许是智慧哲学方法的重大进展。通过把拥有智慧这件事变成令人愉快的事情，亚里士多德似乎将智慧变得更加人性化，同时也提供了一个明显的理由来解释我们为什么要追求智慧。

因为我们在理解苏格拉底的想法时，严重依赖柏拉图的著作，所以经常不能轻易地知道某个观点在哪里结束，以及其他观点在哪里开始。然而，如果苏格拉底认为智慧是只属于上帝的东西，那么柏拉图则认为它是具有神性的东西。对于亚里士多德来说，不管智慧多么罕见，它似乎都是一种更为人性的东西。最后需要指出的是，后世人们发现无论苏格拉底、柏拉图和亚里士多德与自己所支持的哲学是否保持一致，他们的名声都可归功于众多所谓的智慧言论。

安提西尼、芝诺、伊壁鸠鲁、皮洛等

少数哲学运动主导了几百年来有关智慧的思考。除了那些由柏拉图和亚里士多德创立的运动，最著名的就是犬儒主义、斯多葛主义、享乐主义和怀疑主义了。虽然这些术语在今天仍然被人熟知，但几个世纪以来它们的意义已有所改变。此处我们旨在回到这些运动的创建之时，主要关注它们的创始人。有人指出，智慧有时被称为"灵魂之药"。通过这个比喻，可以说这四个哲学运动中的每一个都对人类病症做了诊断，并且将其治愈。当我们回头看他们的思想观点时，将其熟记于心也许很有帮助，现在我们从犬儒主义开始谈起。

安提西尼（Antisthenes）来自雅典，是苏格拉底的同时代人，但比苏格拉底年轻，两人为朋友。他总结道："人们好像生活在一个中毒的恒定状态，沉浸在一个浓密而黑暗的雾气之中。"[15] 像之前及之后很多人对人类病症思考过的那样，安提西尼确信我们经常被欲望和本能引入歧途，而欲望和本能可淹没或主导人类本性中更加理性的一面。然而，他提出的与此问题相关的独特之处，就是对习俗和传统的不信任。安提西尼认为，我们经常按照习俗和传统指导我们那样行事，但他也认为，习俗和传统常常使我们远离理性和人类本性要求我们所做的事。这些信仰便成了犬儒哲学的核心。因为习俗和传统在许多方面是社会生活的经纬线，所以犬儒哲学经常被视为是反社会的哲学，犬儒主义则倾向存在于社会边缘，因为那是他们感到最舒适的地方。

"犬儒主义"一词来源于希腊语，意为"犬"，"犬"似乎是给安提西尼的昵称。尽管我们知道古希腊人将犬当宠物来养，但人们从未认为此昵称是一种赞美。对于该词语，至少有两种可能性的解释可以证明。首先，一只宠物犬将动物行为带入了人类的生活环境中。其次，作为食腐动物的犬生活在人类社会的边缘，它既不在中心也不远离这个社会。可以说，犬儒主义者也是这样做的。他们如动物般生活在人类社会中，但同时又站在人类社会的边缘批判这个社会。他们生活在社会中，但并不属于它。后来犬儒主义者开发了被称为讽刺的文学流派，他们对那些由于盲目遵循社会习俗而误入歧途的人们进行了语言抨击。

锡诺普的第欧根尼（Diogenes of Sinope）是犬儒主义的早期皈依者（这是根据第一批的一些犬儒主义者说的），据说他曾说过："自从安提西尼给我自由以来，我便不再是奴隶……他教会我什么东西属于我，以及什么东西不属于我。财产不是我的。亲情、关系、朋友、荣誉、熟悉的地方、与他人的联系，所有这些东西都不是我的。"[16] 在犬儒哲学中，我们可以看到，亚里士多德将智慧跟自给自足联系起来，并且赋予它崭新且极大的长度。随着时间的推移，犬儒主义开发了一种最简单的制服，这种制服只有一个斗篷和一个皮革手提包。以此，他们向外界展示了大多数人所认为的内心的冷漠。第欧根尼因数年来居住于木桶中而闻名，他摒弃了任何家居的舒适感。有关他的故事称，他曾带着一个杯子和一只碗四处游荡。但是当他意识到它们已经超出了自己的需求时，

120

便把它们抛弃了。人们很容易看到犬儒主义者对待财产的态度，与对《新约》（New Testament）教义的回应，在这当中，贫穷的生活会得到人们的赞扬。这种比较并不奇怪，并且耶稣完全有可能也接触到了犬儒主义的教诲。以乌鸦的飞行距离计算的话，距离拿撒勒不超过 25 英里的戈达拉（Gadara）小镇产生了许多著名的犬儒主义者。

底比斯的克拉特斯（Crates of Thebes，约前 365—约前 285）是第欧根尼的追随者，他似乎是"按照自然方式生活"这一犬儒主义口号的发明者。这一口号对不同的人来说意义不同，对于克拉特斯和他的妻子希帕奇亚（Hipparchia）来说，其中一种含义便是，不尊重任何与性相关的社会习俗。毫不奇怪，这导致这对夫妇成为许多丑闻的焦点。其中一个受到克拉特斯影响的是基提翁的芝诺（Zeno of Citium，前 334—前 262），尽管他似乎对犬儒主义更多的反社会因素无动于衷，但他将"按照自然方式生活"这一口号当作新哲学的基础。此哲学名为"斯多葛主义"，因为芝诺曾在雅典的大楼内教书，而被人们称为色彩斑斓的柱廊。芝诺本人最初来自塞浦路斯，一个故事称，他是因为沉船事件才来到雅典的。

对于芝诺来说，按照自然方式生活肯定并不意味着像动物一样。他认为，只有那些拥有广博自然知识的人才有可能按照自然的方式生活，因此犬儒主义者大都拒绝学习，而斯多葛学派的人则接受它。据后来罗马的斯多葛派学者塞内卡（Seneca，约前 4—公元 65）说，"总的来说，学习生活的规律……对所有事情做出适当的判断"是至关重要的。[17]这反映出了亚里士多德的观点，即智者"尽可能了解所有事物"，并以同样的方式进行解释。人们需要的不是对每一个事实的详尽了解，而是对万物是如何结合在一起的、世界是如何运转的基本理解，而且对于斯多葛学派来说，最重要的是什么领导了什么。这种知识是斯多葛智慧观念的核心，但获取智慧并不是斯多葛学派的最终目的。

芝诺基本上接受了犬儒主义者对人类病症的诊断，但他提出了不同的治疗方法。对于芝诺来说，研究自然的重点是为了找出不可能的事情，不可避免的事情，以及居于两者之间的事情。对他来说，"自然"并不是关于动物如何生活和如何表现的，而是关于世界是如何运转的。获得这种知识的实际目的，由另外一位斯多葛派学者——爱比克泰德（Epictetus，约55—约135）适当简洁地总结了出来："有些事情取决于我们，而有些事情则不取决于我们。"[18]对于芝诺来说，人类的痛苦来自于想要得到我们不能拥有的东西，而不想要我们已经拥有的东西。他总结道，世上的事件是根据宇宙计划展开，而我们在这些事件中的作用基本上是被动的。世间所发生的事情其实很少"取决于我们"，但对于这些外部事件，我们如何做出内部反应，很大程度上是取决于我们的。简单地说，如果发生的事情能够取悦我们，那我们就开心，而如果发生的事情使我们感到沮丧，那我们就不开心。这些反应取决于我们自己，所以我们每个人在幸福和不幸福之间都有自己的选择。了解世界是如何运转的重点，是为了能够预测接下来会发生的事情，这样我们才能迎接它。知道将要发生的事情本身并不会消除悲伤，但是知道将要发生的事情是不可避免的，这使得接受它变为唯一合理的反应。斯多葛智慧不仅在于了解世界是如何运转的，还在于人们要根据那些知识对情绪进行最佳管理。正如第欧根尼声称的那样，安提西尼哲学将其自由释放了，所以关于奴隶制和解放的词汇也可应用于斯多葛哲学。对斯多葛哲学最简洁的总结也许来自斯宾诺沙（Spinoza，1632—1677）："当一个人被自己的情绪控制时，他已不再是自己的主人。"[19]

像斯多葛派学者一样，伊壁鸠鲁（Epicurus，约前340—约前270）的追随者相信知识的价值，但他们脑中有着不同种类的知识。伊壁鸠鲁相信人类的许多痛苦都源于人类的无知。人们因为自己害怕的事情而沮丧，但是他们害怕某事是因为他们没能正确理解这些事情。例如在给朋友的一封信中，伊壁鸠鲁解决了一种人类常见的恐惧，那就是死亡："相信死亡对我们来说是无关紧要的，要习以为常……因为当我们存在的时候，死亡还没有出现，而当死亡出现的时候，我们又不存在了。"[20]这听起来像是一个文字游戏，但伊壁鸠鲁对此是非常认真的。死亡不是发生在我们身上的事情，因为死亡来临的时候，我们已经离开这个世界了。2000多年后，路德维希·维特根斯坦（Ludwig Wittgenstein，1889—1951）也以同样的方式提出了同样的观点："死亡并不是生活中的一个事件：因为当我们活着时不会经历死亡。"21

对伊壁鸠鲁来说，死亡只是一旦被人理解便可坦然面对的许多事情之一。伊壁鸠鲁哲学最简洁的总结是由戈达拉的菲洛德穆（Philodemus of Gadara，约前110—约前35）创作的，此总结如下：

你必须鄙视对神明和死亡的担忧；
好的可以拥有，坏的也可以承受。

这种精辟的言论被称为 tetrapharmakon（希腊语，意为"四部分治愈"），这是伊壁鸠鲁提出的补救方法，用于解决人类的病症。也许是因为他的健康状况很差，所以他在无疼痛时非常了解什么是"好"，在疼痛时非常了解什么是"坏"。"好的可以拥有"，因为我们有可能以一种适当合理的方式来组织自己的生活，所以我们遇到的痛苦没有比绝对必要的痛苦更痛苦的了。伊壁鸠鲁建立了一个名为"花园"（The Garden）的团体，如果在一个志同道合的个人团体中完成，或许按照这些方法来组织生活会更容易些。另外，"坏的可以承受"，因为无论是什么不可避免的痛苦都可以被解决。伊壁鸠鲁将身体的疼痛感与日常伴随的精神痛苦区分开来。在电影《阿拉伯的劳伦斯》（*Lawrence of Arabia*）的一个场景中，戏剧性地展示了伊壁鸠鲁想要证明的观点。劳伦斯［由彼得·奥图尔（Peter O'Toole）饰演］用他的手指和拇指熄灭了一根火柴。当另一个人问他是如何做到的时候，他回答"这是一个戏法"。而当另一个人亲身尝试时，其则高喊"太疼了！"。对此劳伦斯回答说："关键是不要管它疼痛与否。"而且似乎伊壁鸠鲁本人可能是这个"戏法"的主人，他宣称智者即使在遭受酷刑时也能幸福。我们在此看到的智慧，与苏格拉底所说的只能属于上帝的智慧，有很大的不同。斯多葛派学者和伊壁鸠鲁派学者手中掌握的智慧，主要是关于用这种方式来管理自己的人生，以此将人生苦难降到最低限度。

在此，我想看的最后一位哲学运动创始人是伊利斯的皮洛（Pyrrho of

Elis，约前 360—约前 272）。此运动有时被称为皮洛主义，这是以他的名字命名的。但皮洛主义倾向于被视为怀疑主义的特殊情况，而怀疑主义是一种更普通的哲学观念。需要指出的是，芝诺跟伊壁鸠鲁是关系密切的同时代人，而皮洛的年龄稍微大一点，更可能与亚里士多德同处一个时代。由于亚里士多德是亚历山大大帝的导师，因此，皮洛跟亚里士多德之间可能还有一个更具体的联系，而且，在亚历山大的军队穿过波斯和印度的运动中，皮洛可能与之同行过。事实上，有人指出皮洛的思维很大程度上受到了印度人的影响，尤其是他在路上遇到的佛教徒和思想家。这个建议是完全合理的，但也未经证实。还有记录称皮洛曾经是一位画家，尽管他并不是一个成功的画家。

大家都说，皮洛自己什么都没写，但他那弗利奥斯（Phlius）的学生蒂孟（Timon）是一个作品丰富的人。蒂孟似乎已经接受了辩论家和宣传者的角色。他的作品一方面赞美皮洛，一方面鄙视其他人。他因驳回芝诺而出名，他认为没有什么比做一个愚蠢的腓尼基（Phoenician）悍妇更好的了（芝诺的家族最初来自腓尼基）。由于他的想法与其他人的想法相反，因此，要想将皮洛的实际想法拼凑起来并不容易，但他明确的与之相关的总体立场是：我们应该暂停对任何我们不能确定的事情的判断；如果有的话，我们也很少有权力确定。怀疑论者的呼声总是"是的，但是……"，对于每一个意见都会有相反的观点，且对于每一个证据都会有矛盾的方面。怀疑论者非常重视的事实是，事情在不同时间、不同地点、不同条件下，对不同的人来说似乎是不同的。因此，考虑到所有这些不同的表面迹象，谁能说得出来事情的真实面目呢？因此，怀疑论者的作用从来不是断言，而是一直进行质疑，永远不会提出问题，却总是向其提出挑战。

怀疑主义仍然存在，但在今天，它往往被视为只与怀疑某些知识主张有关。然而，对于皮洛和他的追随者来说这只不过是一种手段。皮洛对人类病症的诊断是，大量的痛苦起源于对信仰的追随。如果我们认为一件事情是真实的，但结果证明不是这样，那么我们就会感到沮丧。如果我们暂停对事情是否真实的判断，我们就会免于这种烦恼。这是古代怀疑主义的治疗方法。怀疑论者的智慧在于拒绝相信任何在没有怀疑的条件下不能成立的事情，包括一个人自身感觉的证据。除非有令人信服的理由这样做，否则怀疑论者拒绝对任何事情持有一成不变的观点。关于皮洛有一个有趣的故事，据说他的朋友不得不到处跟随他，以确保他不受伤害，因为如果他来到一个悬崖旁边，他可能会怀疑这是否真的是一个悬崖，然后就会径直走向前去。不过事实上他挺长寿的，而这让故事的真实性不攻自破。否则，他幸运得简直太让人难以置信了。

安提西尼、芝诺、伊壁鸠鲁和皮洛，他们向人们传授并表达了四种不同的哲学，但他们对世界都有相同的基本观点。对他们所有人来说，哲学的重点就是要解决人类苦难的问题，不管他们怎么理解这个问题，每个人都认为智慧是此问题的解决办法。

智慧与中国哲学

本书使用拼音来翻译中文名称和术语。但是，我们通常称孔子为"Confucius"、孟子为"Mencius"。这是大家耳熟能详、众所周知的，因此我们没必要再将其改为拼音的形式。然而，可以注意到，孔子用拼音书写为"kǒngzǐ"，孟子为"mèngzǐ"。其中，"zǐ"（子）并不是他们的名字，而是一个敬称，用以表示"圣人"。另外除了拼音，其他名称或术语可能会经常采用音译的方法，在此我已指明了处理名称和术语翻译时的主要替代形式。

英语单词"sage"和"wisdom"的起源截然不同；同样的，在汉语中"shèng"（圣）和"zhì"（智）亦是如此。中国哲学倾向于具体化、注重实践，因此它更倾向于把圣人当作智慧的化身，而不是单纯地把智慧视为一个特别抽象的概念。"圣"（shèng）和"智"（zhì）的起源不同，但是我们不能简单地说圣人等同于有智慧的人。我们也可以注意到在中国因智慧闻名的人也包括一些学识渊博的人。因此，智慧与学识密切相关，但这并不意味着这两者之间可以画等号。不言而喻，不同的中国哲学家和哲学流派对圣人和智者的看法不尽相同。在此，对于这个话题我们能做到的只是列举一些例子。

中国最著名的哲学家可能就是孔子（前551—前479）了。孔子来自曲阜，至今这里都有一座供人们朝拜的孔子庙。传说，孔子为《易经》的发展也做出了重要贡献。不计其数的谚语也出自孔子之手，虽然我们无法知晓具体有多少真是孔子说的。就孔子对智慧的观点而言，我们发现以下言论："智者乐水，仁者乐山；智者动，仁者静；智者乐，仁者寿。"[22] 翻译时，定要多加注意。因为这句话中 rén（仁）容易误译成"人"。其他译者在翻译这句话时为了避免这个问题通常把"仁"译为"benevolence"（仁慈）、"perfect virtue"（高尚的品德）、"man to manness"（仁善）以及"human heartedness"（仁义），等等。这些也很难概括"仁"这一核心概念。或许"仁"可以理解为包含了人世间一切美好品德的总称。"仁"的含义甚广："它的意义远不止单纯的仁爱，甚至是利他主义；更确切地说，'仁'是这些美好事物的根源。"[23] 把"仁"理解为对全人类的大爱的话，这似乎与佛教秉承的"慈悲为怀"的理念十分相似（中国佛教最为典型的代表是观世音菩萨）。对孔子来说，仅仅有智慧并不足以使其成为圣人；有智慧的人必须拥有一颗慈悲的心。无论"有智慧之人"和"有仁德之人"两者的区别是什么，他们并不是完全对立的；因为圣人结合了这两种特性。

孟子（前372—前289）是继孔子后又一位圣人。孟子的"四端"学说清晰地阐明了为什么说智慧掌握在所有人手中。四端说阐释道："恻隐之心，仁之端也；羞恶之心，义之端也；辞让之心，礼之端也；是非之心，智之端也。"[24] 因此，虽然极少数人可以成为圣人，但是最初人类都有能力做到这一点；因为这可能是人性的一部分。孟子哲学的一个重要特征是认为人性本善。很明显，孟子认为智慧与是非观念存在内在联系。

但是，如果人都有能力成为圣贤的话，那么为什么我们最终没能变成圣贤呢？后世儒家王阳明试图解答这一问题。他解释道："无善无恶心之体，有善有恶意之动。"（即心本来是没有善、没有恶的。有善有恶是你的思想在活动了。）[25] 在我们成长过程中，我们会听到各种不同的意见，养成各种偏好。然而，这些可能会扭曲我们的世界观，导致我们在行为处世过程中出现偏差。

为此，我们要克服这一点就必须"拥有一颗没有私心物欲的心"，"与自然法则保持高度一致"。[26] 王阳明认为此处的"自然法则"指的是所有人与生俱来的知识。然而，它可能被埋没在我们所累积的精神垃圾之下。当我们摒除一切杂念之后，我们就能发现"自然法则的光辉"。自然法则便会塑造并指导我们的行为处世的方式方法。而获取智慧的道路也恰恰在于此。

儒家学说是中国古代哲学的一种。另一种至今仍不为人们所熟知的中国哲学是墨家。墨家是以其创始人的名字墨子命名的。在墨家学说中，天命论扮演着重要角色："三朝圣主……就是那些谨遵天意的人，他们获得了奖赏；三代恶王……是那些违背上天意志的人，他们遭到了应有的惩罚。"[27] 三代是对中国历史上的夏、商、周三个朝代的合称，指的是公元前 2500 年至公元前 250 年这一历史时期。这一时期的许多人物都不是历史上真实存在的，而是传说中的人物。中国哲学中常见的做法是把智慧与过去某些特定的统治者联系起来。而且越古老的统治者越有智慧，因为年代久远使其更具有权威性。

在人性观上，墨子不像孔子那样乐观。虽然孟子（可能与墨子属于同一时代）认为智慧源于人们内部，但是墨子并不认同这一观点。虽然我们并不完全清楚墨子怎样理解"天命"这一形而上学术语。"天命论"存在的意义或许是为道德价值观念提供了外界来源。每个人都应该爱护其他人，这就是上天的旨意。那些遵循上天旨意的人行事端正、为人怜悯。圣贤都依照上天的旨意制定法律、实施合适的外交政策。这样可以保证国家内部正义当道，国与国之间睦邻友好，和谐共生。与此同时，遵循上天的旨意行事不仅利己还有利于社会。因此，遵循上天旨意的人诸事顺利。反之，则诸事不宜。因为，遵循上天的旨意会使国王变成圣贤。同理，依照上天旨意必定会使平凡的人变成圣人。

虽然墨子或许已经被人们遗忘了，但是我们对老子和庄子并不陌生。他们两个人的姓名与之撰写的作品名称一致。《老子》一书是老子创作的，我们通常称之为《道德经》。我们对老子的情况或许不太清楚，但是据说庄子和孟子是同一历史时期的人物。庄子和老子被视为道家哲学的创始人。

众所周知，《道德经》有些晦涩难懂，后人为其增加了密密麻麻的注解。但是，囿于不同的学识，人们做出的注解也不尽相同。下面文字选自《道德经》：

大道废，有仁义。（即大道被废弃了，才有提倡仁义的需要。）[28]

从上面这句话来看，只有大道被废弃了，才需要提倡仁义。这两者的关系看起来有些奇怪，但是我们必须结合道家的背景来理解二者的关系。即使"道"是道家思想的核心，但是这一概念难以捉摸。"道"的字面意思是"方式方法"，在解释这一概念时通常会用到"水"这个形象。正如小河会自然而然地沿着河岸流淌，道家圣人自然会顺从生命之"道"了。当倡导仁义时，人们则在行为处事时不得不三思而后行，而不是随性而为。这就是为什么这些仁义学说的存在会被视作大道衰落的征兆。

庄子用更为准确的方式阐明了这一点："智慧与仁义无关，而是由智慧人的天性决定的，仅此而已。"[29]我们可以这样理解这句话：智慧来源于自我认知，而通过自我认知会使人们获得道义。这种观点与《奥义书》里面的想法有些相似之处。该书认为圣人的智慧经验来自婆罗门或阿特曼。其中一些观点谈到人们应该寻求一种与自然相适应的生活，这种观点与犬儒主义和禁欲主义者的观点契合。庄子认为，有一些矫揉造作的东西阻碍我们认识事物的本质，这一本质即"道"。

因为道本身虚无缥缈、难以捉摸，因此许多道家著作将其重点放在圣人身上。有一部名为《淮南子》的著作（作者身份不详，但可能来自公元前2世纪）。该作品涉及许多对圣人的描述，这些描述对于帮助我们理解圣人这一形象有所帮助。"如果一切事物都顺应自然规律有序发展，圣人需要做些什么呢？"[30]"圣人没有个人欲望或野心，因此他们自然无心介入日常事务。圣人主张凡事顺其自然，并不会刻意去改变它们。圣人从不受世俗的桎梏、不为他人影响。"[31]然而，圣人的行为却受到世俗的影响："圣人行善，并非为了赢得声誉，但是行善后声誉随之而来；行善也不是为了谋取利益，然而行善后却会得到收获。"

但是圣人通常十分神秘："圣人一直默默行善"[32]。

通过以上的简单阐述，我们足以对中国哲学里内涵的有关圣人和智慧的各个方面知识有所了解。或许儒家、墨家和道家的著作里唯一相同的主题是都十分尊崇圣人。

智慧和印度哲学

探索智慧的世界会面临许多问题，我想结合印度哲学的特定背景探索一个较为特殊的问题，即翻译问题。在收集来自不同时代和地区的材料过程中，我们会碰到各种各样的语言。把这些材料用源语言再现出来并让读者试着理解这些内容。我们有能力做到这一点，但是这样做可能多此一举，毫无益处。在某些情况下，我可以自己翻译理解这些作品。但是，有时候我不得不借助他人的译作解读这些材料。

一直以来，翻译就像一门科学一样，是一种艺术。译者面临诸多障碍，他们遭遇失败并不奇怪，而其成功则着实让人们感到惊喜。任何用过计算机翻译软件的人都很清楚软件特别容易出错，他们在使用这些软件时经常遇到一些显而易见、不知所云的翻译结果。译者面临的一个障碍是一种语言中的词语很少能够完全用另一种语言中的词语与之对应。此外，词语并非是孤立存在的，世界各地语言中的词汇都有着千丝万缕、各种各样的联系。人们已经注意到，解梦过程就是利用的同音异义词使两个单词建立了联系。以这种方式使两个词建立联系的方法会因语言而异。这是双关语的翻译实属不易的原因之一。

在印度哲学中的《大般若经》的意思是"圆满的智慧"，"prajna"的意思是"智慧"。但是"prajna"并不总是被译成"智慧"，有时候它可能被译成"智力""直觉"或"意识"。另一方面，除了"prajna"被译成"智慧"外，"vidya"或"viveka"有时也被译成"智慧"（或被翻译成"哲学""知识"）。"viveka"更普遍地被译为"discrimination"，在此指的是"discrimination"最初的含义即"辨别力"。而不是指的如今

"discrimination"更为常见的含义："歧视"。辨别力是指区别两种不同事物的能力。在印度哲学背景下，"discrimination"尤其指的是"灵性知识，借此可以区分物质和精神，[33] 辨别真实和虚空，明辨永恒不朽和世事无常"。如果"prajna"可以被译成"直觉"，那么我们很容易看出为什么"viveka"可以被译成"智慧"。对现实本质的深刻认识存在共识（然而，我们需要去理解这一点），这种认知是通过某种直接洞察力或直觉（无论其过程是什么）得以实现。如果能够理解印度哲学家的智慧观，那么我们便可以理解其他同类事物，无论在当地人们称之为什么。

我们必须铭记词汇也有其发展史。就像"prajna"在某阶段有一个含义，但这并不意味着其含义是一成不变的。源语言和目标语的翻译都是如此，语言都在不断发展变化。英文单词"wisdom"的含义也是如此，它的一个同源词"wit"或许可以说明这一点。这两个单词的词根相同，此外"wit"也是"witless"（无才智的）这些词的词根。"witless"指的就是广义上"愚蠢的"，此时与"缺乏智慧"没有明确的关联。还有一个同根词"witty"（机智的），它的词义偏向褒义色彩。但是该词现在最常被用作"幽默"的同义词，虽然该词与智慧的关联要视情况而定。根据当代用法，诙谐的人必定风趣，但并非一定聪明有智慧。

从印度哲学著作中学到的经验同样适用于其他传统。翻译《大般若经》时会遇到许多困难，比如在处理一些单词的翻译时就会遇到许多问题，比如"希伯来语单词hokma""希腊语单词sophia""阿拉伯语单词hikma""拉丁语单词sapientia""法语单词sagesse"和"德语单词Weisheit"等等。这些困难虽然不应该阻止我们学习和对比其他传统，但是这些问题会使我们在着手这些词汇的翻译时更加谨慎。即使是最好的翻译也并不完美无缺，稍微劣质的翻译更是存在诸多问题。

智慧和文艺复兴

像所有历史时期一样，欧洲文艺复兴也没有明确的开始与结束日期，对此，目前业界也尚未达成共识，但可以肯定的是它一定包含 15、16 两个世纪。意大利为文艺复兴中心，后扩展至欧洲各国。基督教思想和专注主义在欧洲思想中占主导地位长达 1000 多年，基于此，紧随而来的文艺复兴在艺术和哲学上突显出了丰富的创造力。文艺复兴并不反对基督教，但它反对基督教对文化和思想施加的许多限制。所以说文艺复兴带来的往往是一种非常明显的折中主义，在此过程中它表现了巨大的包容性，这对研究智慧非常有利。如果苏格拉底的哲学研究是从上帝转向人类的话，那么文艺复兴时期对智慧研究的着眼点也是从上帝转向人类。中世纪的基督教神学家解读智慧时比较强调其与神祇的关联，出现这种状况并不让人感到奇怪。尽管在复兴期间智慧与神祇的关联并没有完全消失，但这一时期的思想家则更强调人的智慧，有些人甚至认为智慧与神毫无关联（仅仅强调人的智慧）。文艺复兴时期的思想有时被称为"人文主义思潮"，这反映出人们思想从神到人的转变过程。在此，我们选择了文艺复兴时期三位不同的思想家以此表现这一时期多样化的思想。

若望·皮科·德拉·米兰多拉（Giovanni Pico della Mirandola，1463—1494）在其短暂的一生中，他一直孜孜不倦地学习。他学习了希腊语、拉丁语、希伯来语和阿拉伯语，并著有一些重要的作品。皮科一直在试图找一个新思路，以便汇集前人一切有价值的见解。皮科 31 岁时就英年早逝，他所有的理想抱负也随之付诸东流，但皮科仍为后世留下了许多宝贵的遗产。

《论人的尊严》（*Oration on the Dignity of Man*）是皮科的代表作，书中涉及许多名人。所有困惑都蕴含一个共同的主题，即"智慧均来自东方，从东方传播到希腊，再从希腊传播至此"。[34] 此外，这种智慧在本质上十分深奥。此处，皮科以毕达哥拉斯拒不写下自己最重要的教义为例阐明了这一点，对此举动皮科也非常赞同。皮科凭借一己之力写下《论人的尊严》一书，是为了帮助自己免受异端罪的指控，所以在此书中摩西的角色十分重要。因为这可以体现他对基督教的忠诚信仰。然而，皮科对摩西权威的崇拜出现了惊人的转变："上帝的摩西不仅从上帝那里得到了法律，同时还获取了一个真实且神秘的法律解释权，关于这一点，皮科在他留给后人的五本书中做了阐释。"[35] 这里，智慧并不为少数人拥有，大多数人身上都有获取智慧的巨大潜力。皮科将智慧视为魔法，这或许是最令人感到困惑不解的。下一章中具体阐述魔法，所以在这里我先简单地提一下，皮科承认魔法有不同的类型。皮科竭力强调他所谈论的这种魔法，即"就好像是仁慈的上帝从智慧的藏身之地将魔法的力量分散到世界各地"。[36] 但皮科做这些并不仅仅只是为了自己，他另一个别有用心的动机是：没什么可以比不断思考上帝所创造的奇迹更能打动人心从而开始信仰宗教、尊崇上帝。[37]

对世界的认识可以帮助人们更好地理解造物主，这一说法并不新奇。然而，在此我们必须搞清楚一点，即皮科在此谈到的认知主要是指那些在本质上带有神秘主义色彩的知识。这种知识是经过多年的冥想思考而不是靠实验获取的。这种知识能够使人们深入了解世界的本质，因此它带来的力量可以被认为是一种魔法。

尽管欧洲文艺复兴大都与意大利最为密切相关，但下面两位思想家均来自于法国。同皮科一样，查尔斯·德·波富勒斯（Charles de Bovelles）也是一位折中主义者［通常以其拉丁语的一个称谓"博维尔"（Bovillus）闻名］。他的著作《圣人之书》（Book on the Sage）于 16 世纪早期问世，该书借鉴了许多不同的传统。对他而言，获得智慧其实是一个转变过程。智者是完美无瑕的人类，而且因为人类优于所有其他物种，所以明智的人才是有用的"地球之神"。[38] 智慧的本质即知识，但知识有两个不同的方面，一个是外在的，一个是内在的。智者不仅仅探求世界的运作之道，还会寻求自我认识。最终，智慧的两个方面似乎融为一体："探究灵魂的知识本身，人类就会了解知道世间一切事物。"但是到此故事并没有结束："通过认识天使和上帝，智者会将其扩展为对宇宙的认知。"[39] 尽管智者通常大智若愚、虚怀若谷，生活在社会的边缘。

但如果他们没有与世界完全脱节，智者将会是十分理想的统治者："他有能力治理好国家，因为他通晓万物，并且会尊重自然秩序、社会等级，可以让每个人都发挥所长。他进而可以维持平等和正义。"[40]不难想象，摩西一定赞成这些观点。

每个人都有成为智者的潜能，但是只有极少数人能够充分利用这种潜能。从普通人转变为智者的方式着实令人着迷。追寻智慧的人"把大自然所有事物都融入自身、阅遍世间万物，就像是大自然一样。他包罗万象，物我合一"。[41]博韦勒（Bovelles）认为人的灵魂有能力从我们对世界的感知中汲取精华并将其融入自身。就像火烈鸟因为其所吃的食物可以变成粉红色，人类亦是如此，人们也会因其合理的饮食变得明智。路德维希·费尔巴哈（Ludwig Feuerbach, 1804—1872）在得出"食可映人"这一结论时可能深受博韦勒的影响。博韦勒认为人们有能力习得各种知识，包罗万象。因此，人类可达成一切愿望。结果可想而知，智者也只是宇宙的一个缩影罢了，两者属性相同。

皮埃尔·沙朗（Pierre Charron, 1541—1603）是我要在此谈论的最后一名智者。他与米歇尔·德·蒙田（Michel de Montaigne，一位更为出名的人物）是至交好友，他们两个曾一起探寻过怀疑论。对一个怀疑论者而言，对待知识学问也总是持怀疑态度。博韦勒认为知识与智慧密不可分，然而对此沙朗却坚持认为两者相去甚远。有些人认为人类拥有知识而神明拥有智慧，沙朗对此却不认同，他所持的观念恰恰与之相反。知识特别神圣且是人类遥不可及的，因为人类智力贫乏，没有能力获取神圣的知识。然而，如果能正确理解智慧的含义，人们一定有能力获取智慧。圣人的生活尽显美德的光辉，人人都有选择这种生活的权利。像犬儒主义和斯多葛学派一样，沙朗相信"生命符合自然"的原则，坚信"自然"会促使我们拥有美德。像柏拉图一样，沙朗认为世上存在"四德"，每践行一种美德都是在按照自然规律去生活。人人都能获得美德，但是人们总会为世间各种诱惑纷扰所困。这些纷扰诱惑都使我们与美德背道而驰。要想获取智慧，我们必须抵制这些诱惑。

《论智慧》（*Of Wisdom*）是沙朗的主要作品之一。该书共分为三部，阐明了智者遵循的生活方式。第一部主要阐述如何实现自我认知，因为只有我们正确认识自我才能取得进步。第二部涉及如何培养自律，借此我们会取得长足发展。第三部主要讨论"四德"，这便是通往智慧的道路。

在本堂课中，我探讨了不同时代、不同文化背景下的各种智慧观。但是我必须指出并非所有的哲学家都对智慧感兴趣，而大多数现代（比如说1700年）的西方哲学家对智慧丝毫兴趣都没有。也许令人惊讶的是，某些被哲学家视为哲学本质的东西，在另一些人看来甚至不值得一提。然而，就哲学的本质而言，不同的哲学家对此看法不一，众说纷纭。因此，到底哲学与什么有关，哲学家们持有不同看法。现代哲学更倾向于在哲学与科学之间建立联系，并且在科学的世界观里，我们很难发现哲学与智慧有什么关联。

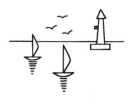

《炼金术》

　　此作品是 17 世纪的荷兰艺术家圣文森特·劳伦兹（Vincent
Laurensz）创作的。图中展示了一种炼金实践活动。从图中可以
看出一些旁观者听到警报声十分震惊。许多作品都描述过炼金术，
这有助于现代学者们重建炼金术士使用的一些工艺和设备。背景
上的尖塔反映了炼金术与阿拉伯世界的联系。

第 7 课

智慧与神秘主义

>>> Wisdom: A History <<<<<<<<<<<<<<<<<<<<<<<<<<<<<<<<<<<<<<<<<<<<<<<<<<<<

公平地说，虽然与魔法和神秘主义有关的著作早已不胜枚举，但大部分作品的质量令人质疑。在智慧的世界里，已有太多人宣称他们是神秘学的开拓者。然而，结果却让人们大失所望，到头来这些人不过是骗子和假先知。虽然时间可能会帮助我们鉴别真伪，但时间的考验并不能保证可以做到这一点。最后，永恒的名声只能由自己证明。

着眼于魔法和神秘主义，我们必须要面对的一个问题是两者都没有明确的定义。例如，有些人认为占卜是一种魔法。至少，从普遍意义上讲"神秘主义者"通常被当作是可以预见未来的人。对那些不相信世界上存在魔法的人来说，更有甚者会将其轻视为迷信，认为"魔法"纯属无稽之谈，或将其视为魔术师的把戏。同样，很多人认为那些神秘的经历不过是自欺欺人罢了。虽然如此，魔法、神秘主义与智慧之间存在着不容小觑的历史关联。因此，探索魔法与神秘主义的世界必定不枉此行、收获颇丰。

魔法的本质

在进行具体分析之前，我想先解释一个比较普遍的问题："什么是魔法？"我认为，魔法的本质是一种力量，可以理解为一种能影响外界事物的能力。那么问题来了，因为除非我们都是命运的无端受害者，否则人人都具有影响其他事物的能力。因此，魔法是一种能影响其他事物的特殊力量，并且通常认为只有少数人才拥有这种力量。如果日常方法足以满足人们的愿望，则无须借助魔法了。超自然是超越了当代自然科学知识极限的一种现象，而不同社会对于两者界限的划分有所不同。在某些社会看起来匪夷所思的现象，对他人而言或许不足为奇。

艾利法·莱维（Eliphas Levi）是阿尔封斯·路易·贡斯当（Alphonse Louis Constant，1810—1875）的笔名。他借这个笔名撰写了许多与魔法有关的著作。这些作品指出所有与魔法相关的活动都遵循三个基本原则。首先是对应律，即认为人类是宇宙的一个缩影。根据这一观点可知，人体的每一部分都与宇宙的各部分相对应。第二个原则与人类意志有关。莱维认为魔法究其本质是意志力的锻炼，而人类的意志力是一种自然力量。最后一个原则是星光原理。这是一种弥漫在整个宇宙中的神秘物质。通常情况下，这种物质是隐形的并且没有形状。然而，通过人类意志的锻炼，这些物质可以汇聚在一起并塑造成可见的形状。

无论我们是否认同莱维理论中的这些观点，我们确实可以从中提取一些要点。第一，在本质上，魔法是一个过程，它并不是凭空产生的。第二，尽管人们可能会认为"魔法"在某种程度上是"超自然的"，但是，在魔法中没有东西是与自然相悖的。不管魔法看起来多么神奇，都不能将其称之为奇迹。从这个角度看，我们可以将魔法视为一种更高级地操控自然的方法，但这亦是一种鲜少有人能够驾驭的方法。

区分魔法是"白魔法"还是"黑魔法"的普遍方式是看其目的而非手段。白魔法是为了行"善事"，而黑魔法则是为了"作恶"。智慧与白魔法密切相关。而智慧与黑魔法两者之间是否完全对立，这个问题仍存在许多争议。因为"善恶"之间的分界点十分模糊，两者之间并不像许多人所希望的那样——存在明确的划分。同理，黑魔法与白魔法这两者之间亦是如此。

我们已经了解了关于魔法的一些基本原理，接下来再看一些例子。以埃及为开端再合适不过了，很多关于魔法的著作都给这个地方赋予了特殊意义。

古埃及魔法

魔法的起源迷失在时间的迷雾里无从考据。然而，关于魔法存在的证据却古已有之。在埃及发现的最早的与魔法有关的文物，至今大约有6000年历史。这些文物是护身符，这些文物的类型有数百种。埃及不仅生产护身符还对外出口这些产品；在埃及的原产地和其他地方都发现了大量护身符。古埃及几个世纪以来，所有阶层的人们似乎都认为需要佩戴护身符。佩戴护身符的人会得到庇佑。显然，佩戴护身符时间越长，其发挥的作用越灵验："永久的护身符很可能类似于人们经常佩戴的首饰。要说大多数的埃及珠宝都具有护身价值则毫不夸张。"[1]要说保护佩戴护身符的人是埃及魔法的主要目的和功能之一也绝不过分。据称一部指导性作品包含了赫提（Khety）国王（约公元前2150年，埃及统治者）给予儿子莫里卡尔（Merikare）的忠告。该作品将魔法简明地描述为"抵制外力的武器"。[2]在恰当的时候使用魔法，它是上帝赐予的礼物。

无论对谁而言，死亡都是迟早"要面临的事"。因此，大量的埃及魔法与死亡有关并不奇怪。在古埃及文本中，《亡灵书》（*Books of the Dead*）主要记录许多咒语，功能是肉体死亡之后使灵魂可以得到庇护。已知最早的这类书可以追溯到公元前第2千纪中期，但这些书籍的部分内容至少有1000多年的历史，这些内容在《金字塔经文》（*Pyramid Texts*）中有所体现。顾名思义，这些文字都镌刻在皇家陵墓墙壁上。已知最早的这类文本是在塞加拉（Saqqara）国王乌纳斯（Wenis）的陵墓中发现的，大约于公元前2330年去世。

不出所料，经过很长时间的借鉴融合，《亡灵书》中记载了各种各样的咒语。这些咒语也被人们应用于各个场合。其中一条最短的咒语是用于被蛇威胁时："噢！异蛇，走吧！因为盖布（Geb）会庇佑我。让开吧！你已经吃了一只老鼠，这再次让我感到厌恶，你又吃了腐烂的猫骨头。"[3]在这里，我们提到的盖布是个非常古老的神。在《金字塔经文》记录的咒语中经常会看到这个名字。盖布与疗愈密切相关，人们认为对于治疗精神疾病他可以发挥神奇的魔力。咒语本身的性质十分古怪，似乎带有威胁、命令和侮辱等色彩。想必人们认为咒语特别灵验，虽然不知道为何会有这种想法。在此书中，有关盖布的咒语似乎占据了大部分篇幅，但这不意味着其他咒语就是多余无用的。恰恰相反，按照人们的理解咒语通常是一串串符箓，必须准确无误地背诵，才能使咒语发挥作用。我们可以看到在许多社会文化中，人们都相信咒语的力量，无论其是口头还是书面形式的。很显然，古埃及就是其中一个典型代表。知道某人或某物的名称（或其"真实"名称）会给这个人或该事物带来力量，这一想法非常普遍。德国侏儒怪的故事就是一个著名例证，该故事离我们并不遥远。

古埃及神祇中，赫卡（Heka）与魔法关系最为密切。他拥有强大的法力，以致其他神祇都对他敬而远之。他使用其法力创造了世界，并维护了世界秩序。赫卡被视为力量的化身，力量在埃及语中又称"heka"，经常被译为"魔法"。人们认为有些人拥有魔法，通晓获得魔法的途径，或者能够实施魔法。人们通常认为哺乳期的女性拥有魔法，或许因为魔法的属性与母乳有关。在埃及，"hekau"一词代指魔法师，但人们似乎不认为魔法师是一个职业。在埃及，与魔法最相关的职业是祭司。他们是寺院官员，主要工作是在正式场合背诵经文。他们的大部分工作是参与寺庙的例行宗教仪式，但有时候，比如在尸体被制成木乃伊时，他们会担任诵经（包括念诵《亡灵书》咒语）的工作。他们也因解读梦境声名远扬。

至少大众都普遍认为，祭司拥有他们更乐意称之为"魔法"的力量。一个至少可追溯到公元前 1600 年的故事讲述了一位名叫乌百纳（Ubainer）牧师的轶事。有一天，乌百纳发现妻子对他不忠，就用蜡做了一只小鳄鱼，让管家将其放入他妻子情夫洗澡的浴池里。这只小鳄鱼模型一沾到水就变成了一只巨大的活鳄鱼，将情夫拽入池底。这个故事似乎证明了大家所认为的祭司和牧师拥有魔法。萨莫萨塔（Samosata）的琉善所讲述的故事里也出现了鳄鱼这一形象。这个故事的主人公是一位来自孟斐斯的埃及文士，他叫潘克瑞斯（Pancrates），据说拥有魔法。他喜欢"骑在鳄鱼身上，和它们一起游泳"。相传他能"用一个扫帚或擀面杖，或门上的螺栓给鳄鱼套上衣服。然后，念一念咒语就能使鳄鱼像人类那样行走"。[4] 如果这个故事听起来特别耳熟的话，可能是因为这个故事是《魔法师的学徒》（*The Sorcerer's Apprentice*）目前所知的最早版本。《魔法师的学徒》后来成为由沃尔特·迪斯尼（Walt Disney）创作的《幻想曲》（*Fantasia*）中的一部分。这个故事本身就非常著名，流传甚远。琉善（Lucian，约 115—200）不知是否真的到访过埃及，但很显然他将把埃及作为这个神奇魔幻故事的创作背景。

也许在埃及魔法世界里最著名的当属赫尔墨斯·特利斯墨吉斯忒斯。只要有他在，历史的核心就不可能脱离传奇的层面。很显然，历史核心的确存在，因为由赫尔墨斯写的作品的确存在。在传奇故事中，有的将他视为神，还有一些认为他就是人。如果是人的话，他又生活在哪个时代？居住在哪里呢？并非在所有传奇中都把他视为埃及人。关于这一点存在诸多争议，有的认为他可能是巴比伦人或腓尼基人。然而，大家最普遍的看法认为他是埃及人，而且还是《赫密斯文集》（*The Hermetica*）的作者。

关于这些作品是何人、在何处及何时撰写，以及其创作目的等都众说纷纭。这些作品中有关于哲学的，有关于魔法的，还有一些作品纯粹是高深莫测、不可思议。人们普遍认为（虽然不是所有人都这样认为），这些作品集写于公元前几世纪之初。毋庸置疑的是，几个世纪以来，人们都普遍认为这些文章源于古埃及，这使得古埃及成为归根溯源的自然之所。很多人认为赫尔墨斯是古埃及先哲兼牧师，人们视他为当代摩西。因为著作本身体现了很强的包容性，吸收了不同的哲学与宗教传统元素。所以，柯西莫·德·美第奇（Cosimo de'Medici，1389—1464）获得《赫密斯文集》的副本后，让他的翻译马尔西利奥·费奇诺（Marsilio Ficino，1433—1499）放下一切事务，潜心翻译这本著作。事实证明，这些著作是追溯古代人们思想的一个重要的渠道。费奇诺认为，《赫密斯文集》涵盖哲学与神学内容，而这些东西恰恰囊括了古老智慧的本质。许多人都同意费奇诺的想法，《赫密斯文集》对推动文艺复兴时期的思想发展具有重大意义。

《赫密斯文集》中最显著的有关魔法的介绍与阿斯克勒庇俄斯（Asclepius）密切相关。据称，赫尔墨斯·特利斯墨吉忒斯忒斯披露阿斯克勒庇俄斯是希腊医术之神的孙子。从阿斯克勒庇俄斯的故事中，我们可以发现神祇分为天神以及为人类所神化、崇拜的陆神。这些神明都能"预见未来，这些神祇可以通过圣签或占卜来预知未来。他们能够预知即将发生的事情，并且给予相应的援助"。[5]神明居住在他们的雕塑中，以此来发挥他们的力量，人们可以通过各种物质召唤神祇。这种想法似乎一直存在着，更是激发了费奇诺等人神奇的想象力。文艺复兴时期大部分的魔法实践活动都可视为自觉模仿、重演真正的埃及传统的尝试。无论《赫密斯文集》是否真的是埃及著作，我们可以确定的是大多埃及人都认为神明居住在祭仪雕塑中（至少雕塑有时是有生命的）。

这一想法也使得许多古埃及神谕活动经久不息。

古希腊和罗马的魔法

在希腊人和罗马人的世界里，有关魔法的地位众说纷纭、褒贬不一。有大量证据表明，许多所谓的与魔法有关的从业人员都是骗子和冒牌货。但也有大量证据表明，人们对魔法持谨慎严明的态度，以至于它甚至成为立法对象。在本节中，我将首先来看一下魔法与智慧在希腊罗马世界中的特殊关联。然后我们将看到两个案例研究，以此阐释对于魔法存在的两种截然不同的观点。

传统认为，毕达哥拉斯和他的追随者都与魔法有密切关系。除此之外，许多有关他的故事都与那些讲述萨满巫师的故事存在诸多相似之处。还有许多类似人物的故事：例如恩培多克勒、居住在北方乐土（the Hyperborean）的阿巴里斯（Abaris，可能生活在公元前 6 世纪）、潘柔克尼瑟斯（Proconessus）的阿里斯铁阿斯（Aristeas，可能生活在公元前 7 世纪）以及冥神扎尔莫克西斯（Zalmoxis，公元前 6 世纪）的故事。这些故事中涉及许多常见的主题，例如点石成金之法、在空中飞翔的能力以及分身术。据说冥神扎尔莫克西斯还曾经化身成狼，从而在萨满巫师和动物之间建立密切联系。毋庸置疑，要找到证据来证明他们真的拥有这些神奇的魔法的确很难。但是，有确切证据表明人们相信这些传说。哲学家波菲利（Porphyry，公元 3 世纪）在他创作的《毕达哥拉斯传》（*The Life of Pythagoras*）书中写道：

简言之，绝对没有人质疑毕达哥拉斯取得的数不胜数、举世瞩目的成就。书中写道，毕达哥拉斯可以对地震做出准确预测，及时避免瘟疫和风暴危害。他能预测何时会有冰雹并且能使河流和海洋变得风平浪静，以便在河流、海洋上行驶的船只可以安全抵达目的地。[6]

然而阿巴里斯、阿里斯铁阿斯和扎尔莫克西斯都是十分神秘莫测的人物，毕达哥拉斯和恩培多克勒无疑是历史上存在的人物。在毕达哥拉斯生活的时期近1000年后，波菲利正投身创作之中。他的文章反映了几个世纪以来有关著名先哲的传奇故事的主体部分。最初的"崇尚智慧的人"似乎已经吸引了众多有关哲人取得非凡成就的故事。

从巫术活动中可以发现智慧和魔法之间非常特殊的一种关联。通过巫术可以召唤死者的灵魂并与之对话沟通。人们似乎理所当然地认为死去的人拥有智慧，这恰恰是活着的人所缺乏的东西。因此，就产生了各种各样能使生活在世的人们可以与死者沟通的方式和手段。有些地方被视为通往冥界的入口，这些地方后来成为著名的亡灵神谕所。其中，有几个神谕所在希腊罗马地区。其中在赫拉克里亚（Heracleia）至本都（Pontus，当今土耳其黑海海岸埃雷利地区附近）的一个神谕所流传着一个说法。据说，在此地赫拉克勒斯被国王派去和地狱的恶狗拼斗，并把冥王的看门狗刻耳柏洛斯带回来。在希腊伯罗奔尼撒半岛南端的忒那隆城（Tainaron），传说这里有一个通往地狱的入口（亡灵神谕所）。赫拉克勒斯来到这里，由亡灵引导他下降到深渊，来到冥界与地狱恶犬斗争。

巫术不仅仅与特殊的地方有关，通晓巫术的都是一些特殊人群。亡灵巫师十分擅长召唤亡灵、驱逐恶鬼。与希腊人相比，罗马人对巫术心存疑虑、对此持否定态度。如果把某人当成巫师，这甚至就是在诽谤他人。与死者进行不正当的交易有时候被视作是不得人心的皇帝所为，这也是一种黑色宣传手段。另一方面，人们认为那些能创造奇迹的人所具备的技能中，经常会看到巫术。在我们探究的第一个案例中会看到关于这一点的一个例证。

很显然，提亚安那的阿波罗尼俄斯（Apollonius of Tyana，公元1世纪）是个特殊的存在，即便是只有一小部分讲述他的故事是真实的。弗拉维乌斯·斐洛斯特拉图斯（Flavius Philostratus）写了一篇长文记叙阿波罗尼俄斯的生活。这是我们获取阿波罗尼俄斯信息的主要来源。但是也有其他作品记叙阿波罗尼俄斯的生活。一些早期的基督教作家热衷于贬低他，如果后世尊崇阿波罗尼俄斯的人将其视为半圣、救世主的话，并不让人感到奇怪。有些人认为阿波罗尼俄斯是一些有关炼金术作品的作者，此时阿波罗尼俄斯是以巴利亚斯（Balinas）这个阿拉伯语的名字出现的。无论斐洛斯特拉图斯这篇长文的历史价值何在，它显然具备娱乐价值。这篇长文里包含的内容如下：

突然出现的超自然征兆、当时人们热衷喜爱的情景对话、丰富多彩的考古知识、绚丽多彩的魔法、迅速敏捷的动作场景、对寓言故事做出的令人惊讶不已的描述、对遥远国度的描绘，偶尔还有一些低俗的色情场面描述和一系列人们最喜爱的"哲学"的描绘。[7]

据说阿波罗尼俄斯还在阿喀琉斯的墓前召唤过其亡灵。这个故事的构思有些落于俗套，可信度不高。但显然，这是最令人兴奋激动的故事了。

阿波罗尼俄斯来自卡帕多西亚，位于当今的土耳其中部地区。他从很小的时候就表现出很高的学术天赋；在向毕达哥拉斯求学之前，他在许多老师门下求过学。在这一阶段的叙事过程中，很明显把阿波罗尼俄斯和毕达哥拉斯联系在一起了。当阿波罗尼俄斯的父亲去世后，他放弃了遗产并立誓缄默五年（以及起誓终身节欲）。之后，他便开始了长途游历。阿波罗尼俄斯归来后，他堪称波斯、印第安和埃及人文化知识的传承者，他开始从事巡回教学工作，还能创造奇迹、担任治愈师工作。一个有关阿波罗尼俄斯的经典故事是这样的：以弗所的人们遭受到瘟疫侵袭，因此他们想尽办法去请阿波罗尼俄斯来帮助他们渡过此劫难。阿波罗尼俄斯瞬间就降临此处，他立即识破了这场灾难是一个乔装成乞丐的恶魔造成的。于是，阿波罗尼俄斯劝服当地人们用石头砸这个乞丐。人们看到这个乞丐变成一只巨大无比、凶猛残暴的猎犬后，震惊不已。

虽然描述阿波罗尼俄斯施法的情景是该故事情节中不可缺少的部分，但是这也仅仅是对阿波罗尼俄斯的一部分描绘而已。这些场景的描述被置于一个更广泛的精神和哲学层面。阿波罗尼俄斯施展魔法仅仅是他拥有巨大能量的一种证明而已。对于冒充内行的骗子来说，他们表现的魔法无非就是骗人的把戏而已。生活在阿波诺泰伊考斯（Abonoteichos）的亚历山大（公元2世纪）就是一个例子。他常常出现在文学作品里，因此为人们所熟知。但是他被描述为一个负面人物：读者可以看到一个"欺诈、狡猾、有点邪恶、鲁莽大胆、有较强执行力的人物形象，同时他又花言巧语、巧言善变"。[8]琉善认为亚历山大在一条大蛇、几个帮凶和一堆道具的帮助下，在其家乡开设了一个招摇撞骗的神谕所。这个骗局是精心设计的，因此这个神谕所运营了多年，帮助他赚取了巨额财富。琉善说他曾尝试去揭露这个骗局，但以失败告终。亚历山大有众多身居高位的朋友，许多人愿意相信这个神谕所是灵验的。以至于直到亚历山大去世，人们都相信这一点。在琉善看来，亚历山大就是一个职业骗子，其目标就是那些容易上当受骗的人群。

无论这些故事是否真实可信，在此研究的案例都旨在让读者清楚地认识到这两个人物形象的典型特征。阿波罗尼俄斯为人明智、纯真和自律，他还能创造真正的奇迹。亚历山大狡猾、不真诚、总是愚弄别人。阿波罗尼俄斯给魔法赋予了褒义色彩，而亚历山大则使魔法背负了恶名。他们一个聪明又智慧，而另一个只能用"狡猾"这一世界上最具贬义色彩的词来形容了。

炼金术

另一个老生常谈的典型形象是炼金术士。在大众的想象中，所谓炼金术士就是那些能把普通金属（如铜、铁、锡、铅、锌）变成黄金的人。因此这肯定是一个骗局，因为这种事情是绝对不会成真的。本·琼森（Ben Jonson，约1572 年 6 月 11 日—1637 年 8 月 6 日）的喜剧《炼金士》（*The Alchemist*，1610 年首次演出）使炼金术士的刻板印象更加深入人心。喜剧中的主人公是一个彻头彻尾的骗子。另一方面，我们很难对那些被他骗过的人表示同情。比如伊壁鸠鲁·马蒙爵士（Sir Epicure Mammon），正是因为他的贪念才使得自己被骗。尽管琼森在 17 世纪初写剧本时，炼金术已经是一个非常活跃的话题；但是炼金术的历史可以追溯到更为久远的时期。或者我们不应该称之为炼金术的"历史"，而应该称作炼金术的"历史们"，因为关于炼金术的历史至少存在两种独立的发展脉络。

第一个脉络可以追溯到赫尔墨斯·特利斯墨吉斯忒斯。因此，我们在《赫密斯文集》中发现炼金术和教义之间的关联。据说当人们发现赫尔墨斯的墓地后，看到了他的尸体紧紧握着一块雕刻炼金知识的祖母绿宝石板。后来人们把它称为"翠玉录"。在"翠玉录"里，他宣称："我之所以被称为赫尔墨斯，是因为我承担了全宇宙智慧的三重角色。"[9] 究竟是何时何地取得这一重大发现的，至今仍存在诸多争议。据说是由像萨拉（Sara，《圣经》中亚伯拉罕的妻子）、亚历山大大帝和提亚安那的阿波罗尼俄斯这样身份职位广泛多样的一群人发现的。"翠玉录"上密密麻麻记载了许多炼金知识，但是由于这些文字可以被人们读懂，因此很容易产生许多不同的解读。也许其中最重要的发现是："如其在上，如其在下；万物本是太一，依此成全太一的奇迹。"[10] 这种说法类似于相关定律（The Law of Correspondence）。艾利法·莱维将其确定为适合所有魔法的基本原理。实际上，相关定律指的是一个问题的解决，往往影响到另一个事物，因为这两个事物相互作用、互相影响。虽然这件古物被称作"翠玉录"，然而学者们却无法找到确切证据来说明这个名字因何而来。有证据证明似乎早在公元 9 世纪，人们首次提及"翠玉录"这个名词。

更早的有关炼金术的文本集可能是于公元 7 世纪在君士坦丁堡编纂的。该文本里涉及的最早的作品有的是门迪人布勒斯（Bolus）写作的（可能创作于 3 世纪）。这些最早的作品内容包括一系列"制作东西"的"方法"，其中包括怎么制作金银。对炼金术士而言，物品的颜色特别重要。很显然，让物品变成金色或银色是可能实现的。但是在属性上，这些东西本质上并非纯金银，或者说它们仅仅表现出一些金银的特性（发光的东西未必是金，但是值得注意的是"gold"既有"金色"也有"黄金"的意思）。不管这本炼金术文本集起源于什么，很明显炼金术关注的是如何把一种物质变成另一种物质。有时这一转化过程是通过使用第三种物质实现的。在这种想法的支配下，人们认为世界上存在一种"超自然物质"，它能够使得事物发生各种变化。这个变化莫测、神奇无比的东西就是"魔法石"。很显然，如若投入大量的时间和精力把珍贵稀有的东西变成普通廉价的东西是毫无意义、不切实际的。因此，炼金术就是研究如何把所有的普通金属变成黄金。

然而还存在另一种炼金术，它有自己独特的发展脉络。炼金术可以使一种事物变成另一种事物，但不一定是把东西变成金子。上面提到的炼金术主要关注普通金属变成金子，接下来的这种炼金术主要研究的是使病人变得健康。因此，炼金术的药用价值就出现了。把不纯正的物质净化为纯净物质，这一过程类似于使人们的心灵得到净化。因此，炼金术也体现了其净化心灵的价值。这些观点都是亨利·沃恩（Henry Vaughan，1622—1695）提出的，并且这些观点的论证充分有力。他将基督教教义描述为："基督教教义是真正的医学，它可以在事物腐败之前改变其本质，使事物朝好的方向发展；它还能还原事物的本质特征。"[11] 玛丽·安妮·阿特伍德（Mary Anne Atwood，1817—1910）把炼金术表述为"寻找索菲亚的心灵之旅"。[12] 很明显她把炼金术与智慧联系在一起了。

一个独立的炼金术传统似乎已在中国得以发展，并且在此我们仍然可以看到它在两个不同的维度上发展。在道教，"外丹"（outer alchemy）和"内丹"（inner alchemy）这两者存在明显的区别："炼外丹是为了把各种物质放入炼丹炉里进行提炼，最终炼成可以延长人们寿命的丹药；内丹则是为了使人们身心调顺、净化心灵，也希望人们吃了此丹药可以长生不老。"[13] 外丹和内丹两者可以说是殊途同归（它们的最终目的一样，但却是由不同的方法炼造的）。虽然有些早期记录显示人们试图寻找炼金之术，但这一直不是中国炼金术士所密切关注、专门研究的方向。中国炼金术士的兴趣所在是如何炼造长生不老药。

朱砂是中国炼丹术中最重要的成分，它是一种用来制造朱砂颜料的汞硫化物。在中国炼丹术中，朱砂是其主要成分，地位十分重要以至于它成为炼丹术的代名词（内丹和外丹里的"丹"成分其实就是指的"朱砂"）。很明显，朱砂的颜色使其变得十分重要。但是，其重要性远远不止它的颜色。葛洪是一本中国早期炼丹术文本的作者。据他所言，"朱砂被加热时就会发生变化，朱砂被加热的时间越长其产生的变化越神奇"。[14] 炼丹时都需要把许多东西一起放在大熔炉里加热，因此这些物质在加热时的反应变化特别重要。加热是为了使物质去除杂质，变得更加纯正。这似乎也是加热朱砂的目的所在。人们认为服用从朱砂里面提炼出的最纯正的丹药后可以长生不死。

内丹（它可以同外丹一起服用，但两者不必同时食用）的炼造与外丹锻造方式截然不同。外丹可使人们长生不老，而内丹则是为了启迪明智、教化世人。就其本身而言，内丹与道教哲学的关系更为密切。就像在炼外丹的过程中，需要通过加热来使物质更加纯正一样。修炼内丹则需要通过练习瑜伽使心灵得以净化。对于外丹和内丹两者哪个更加灵验这一问题，不同的学派所持的意见也不尽相同。人们理所当然地认为练习气功和冥想对身体有益，一些人也提倡某些性行为或身体运动。人们这么认为的理论依据是：所有这些活动都能推动人们内心的净化过程，最终使人们身心愉悦，精神得到升华。

所有的炼金术或炼丹术都与难以实现的事物间的转化相关。因此，对大多数人来说这十分难以置信、不可思议。本·琼森作品里的炼金术士可能本来就是一个彻头彻尾的骗子。但是对于像伊壁鸠鲁·马蒙爵士这样容易受骗和贪婪的人而言，他们认为炼金术真实存在且十分重要。与琼森同时代的作家罗伯特·弗洛德（Robert Fludd, 1574—1637）是当时顶尖的英国知识分子，他也很重视炼金术。人们也看到，炼金术所关注的远远不只是把普通金属变成黄金。基督教和道教都在炼金术中寻得了心灵得以净化的方法。这就推动我们从魔法走向神秘主义世界，神秘主义是本章中另一个重要主题。

神秘主义的本质

神秘主义并没有明确的定义。其中以下定义或许会帮助我们更好地理解神秘主义："神秘主义是探求与上帝、神祇、万物之源和世界近距离接触的方法。它在世界上绝无仅有、无可替代。"[15] 虽然寻求神秘主义之道是在宗教传统确立的情况下才得以进行的（事实的确如此），可是神秘主义在本质上却是不依附于任何事物的。或许正是如此，才使神秘主义成为异端学说的潜在来源；因为如果某种思想根深蒂固、深入人心，那么任何其他与之相矛盾的观念就很难让人们接受。因此，无论人们多么敬畏其各自信仰的神秘主义，有组织的宗教却发现这些思想水火不容、势不两立很难和谐共存。而且教条化和制度化越是严重的宗教组织，这些思想就越难共生。另一方面，就算思想观念根深蒂固也并不意味着这一观念一定正确，而且绝不是所有的神秘主义者都认同彼此的观点。通过对不同传统背景下神秘主义的对比探究，我们可以看出其中明显的差异。在本堂课的后半部分，我将谈到几个神秘主义传统。就其相似点和不同之处，读者自会得出结论。

语言的起源虽不能说明一切事物，但在它们身上我们总会有所发现。英语单词比如"mystic"（神秘的）、"mystery"（神秘）和与之相关的词汇都起源于希腊语中有关启蒙的词汇。许多神祇，包括女神伊西斯和密特拉神（Mithras）都会有一些专门为他们而建的特殊的神秘教派组织。然而，在希腊罗马世界目前最著名的神秘教派是德墨忒尔（Demeter）和珀耳塞福涅（Persephone）产生的教派。为这两位神祇建造的教堂坐落于雅典附近的艾留西斯（Eleusis）地区。德墨忒尔是希腊神话中司掌农业的谷物女神。而她的女儿珀耳塞福涅每年有一半的时间留在冥界（剩余时间则是在人间与母亲在一起）。她在地上的时候，人间便是春季和夏季（在冥界的时候，就变为秋冬）。因此，他们的宗教的一般性质就可想而知了。但是与其相关的"神秘主义思想"在同一宗教里形成了不同分支。探究有关艾留西斯的神秘主义可以发现某种天启，但是信众必须发誓不向任何人透露此事。值得注意的是，这个秘密严格保守了数个世纪，至今关于在天启过程中所发生的事仍是未知之谜。"esoterism"（奥秘）有时被用作"mysticism"（神秘主义）的同义词。这个词也强调了所谓奥秘就是指只有少数人才知道的东西。它起源于一个希腊单词，其含义为"inner"（内在的），指的是只有少数人心里知道的事物。人们通常认为，深奥的东西必须是直接从一个人传达给另一个人。

如果神秘主义指的是寻求与神祇近距离接触的途径，而智慧在某种程度上被视为是神祇的一个方面或是其本质属性的话，我们就很容易看出神秘主义和智慧之间的关联。有时候这种"亲密的关联"被理解为与神祇的实际结合，比如有时人们会变成"像神一样的"人，而不是真的变成神。

瑜伽

尽管没有合理的原因来解释为什么某种与神相结合的现象可能并非偶然。神秘的传统认为就算会出现这种情况，那也是极其少见的。而对于这种与神结合的现象更常见的情况是人们积极地探索，而在这一过程中就需要做某些实践活动。"瑜伽"（yoga）一词常用于指代这种实践活动。虽然"yoga"（瑜伽）一词是在印度教和印度哲学的背景下产生的，如今这个词的应用更加广泛。瑜伽的根本意义在于某种形式的结合；但是至于结合的内容和方式，不同的人有不同的看法和解读。瑜伽能带来什么效果取决于某人内心的信念。

许多人认为做瑜伽就是把身体弯曲成各种高难度复杂的姿势（这些姿势通常非常痛苦）。这种理解虽然不无道理，但并不全面准确。这种涉及各种高难度复杂动作的瑜伽更准确地说应该称之为"哈达瑜伽"（hatha yoga，hatha 的意思是"力量"或"力气"），但是做这些姿势只是身体训练的一部分。除了姿势的练习之外，还有各种呼气练习及各种瑜伽清洁术。这些方法都是通过某种方式达到净化身心的目的。还有一种叫王瑜伽（raja yoga），它更加重视冥想与调息："屏息宁神时，就会出现超心理上的感知；随之而来的是对世间万物的感知。"[16] 虽然不同的神秘传统可能不认同当"思想凝聚"时所获得的感知，最基本的一点是，通过瑜伽所获得的东西其实来源于对直接经验的学习。这一基本观点认为，人们每天忙忙碌碌、自觉散漫或条分理析的头脑思维都是人们获取智慧的阻力。有时通常会用反射池做类比。如果反射池里的水被搅动的话，所有的事物会呈现出一个特别糟糕、模糊扭曲的形象；如果反射池的水没有一点涟漪，就会呈现出一个清晰完整的图像。使"躁动的心"静下来，就能使心灵成为准确反映现实的一面镜子。我们便能看清事情的真实面貌。

《薄伽梵歌》（*Bhagavad Gita*）是《摩诃婆罗多》的一小部分。在《薄伽梵歌》中，讨论了三种不同的瑜伽。它们通常被称为"奉爱瑜伽"（Bhakti yoga）、"智瑜伽"（Jnana yoga）和"业瑜伽"（Karma yoga）。"Jnana"的意思是"知识"，然而这里所说的"知识"并不是指的"书本上的知识"，而是通过沉思冥想获得经验知识。最后，"Karma"指的是"行动/业"（action），但与之相关的瑜伽涉及的是一种特定的行为品质。练习业瑜伽意味着完全不顾及个人利益得失，以至于任何事情都不是为个人利益或福利所为。练习瑜伽的重要意义以及我在此讨论此项活动的原因是：瑜伽活动适合所有人，因此人人都能练习瑜伽。人们也可以选择不从事这一活动。如果并不享受练习瑜伽带来的成效，则因为我们内心是否定这些活动的。这种观念与另一种想法如出一辙，即：神秘主义就其本质来说仅局限于少数信众。

卡巴拉（犹太教神秘主义体系）

卡巴拉（Kabbalah，犹太教神秘主义体系）最近由于众多公众眼中与其相关的人物而变得更加为人所知了。尽管卡巴拉已经存在了很多年，但在 20 世纪 90 年代之前很少有人听说过它。"卡巴拉"一词被用于"表示犹太神秘主义教学，然而这并没有被记载下来，而是以口碑相传的形式存在着"。[17] 众所周知，口述传统的起源难以确定其具体年代，但人们认为，许多不同的主张是在卡巴拉第一次出现时而产生的。有一种传说认为，它是由天使第一次教给亚当的，这使其成为整个人类历史的一部分。然而，卡巴拉也有相关的书面记载，其最重要的文字被称为《光明篇》（*Zohar*，犹太神秘主义对摩西五书的注疏）。这个量大又困难的工作，首次出现在 13 世纪末的西班牙。一个名叫摩西·德龙（Moses de Léon，1250—1305）的神秘主义者和教师，他们声称在其消失了几世纪之后就又重新发现了它，这听起来很像在写他自己的故事。他将作品的著作权归于拉比西蒙·巴·尤查的名下，这是一个生活在公元 2 世纪的真正原型。关于这本书的一切并非都是真实的。它的作者引用了许多作品来支撑他的立场，其中一些似乎是完全由他杜撰出来的。

从表面上看，在口头相传的传说中书面文字没有任何意义。口头传说的要旨是事情并没有被用笔记录下来。然而，矛盾是显而易见的，并不是卡巴拉所特有的。在像卡巴拉这样的神秘传说中，人们认为书面文字会将它们所表示的内容完全隐藏起来。他们的表面意义永远不是整个故事。确实，有时单从表面看来表明的东西很少。完整的、真实的、隐秘含义只能通过不断地探索去解读。它就像一个具有两个键的密码，拥有文本的人只有一个键，另一个键只能通过口头传播。要想挖掘此意义，这两个键都是必需的。然而没有参与开发的人只能猜测其内在到底是什么。

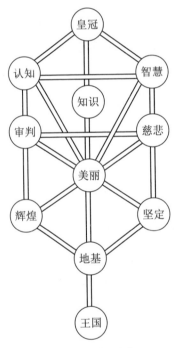

犹太卡巴拉质点

卡巴拉最独特的（至少对于新手而言）是质点的想法，这可被描述为试图画出一种神圣的地图。质点可以被认为是"永生神的力量和行动方式"，[18] 在卡巴拉，人们认为总共有十个质点。它们通常以一种图形结构来呈现，该图形可以以各种方式将它们连接在一起。该图实际上是一棵风格化的树，该树的形象在卡巴拉扮演着重要的角色。树的顶部是被称为皇冠、智慧和认知的三个质点。底部通常被称为王国和地基。在它们之间是另外五个。翻译可能有所不同，但我会把他们当作审判、慈悲、美丽、坚定和辉煌。阅读这个图表有很多方法，我在这里给出三个。在这个讨论中，我将谈论"神圣"而不是"神"，因为像许多神秘的传说一样（无论是隐含的还是明确的），卡巴拉倾向于淡化个人神性的想法。如果从顶部读取图表，则可将其视为对宇宙有多少不同方面的描述。然而这并没有即刻发生，图表遵循一定的过程发生顺序。智慧靠近树顶的位置，使人回想起《圣经》的话："主在他工作开始时创造了我。"这个图的一些读物把它看作是一种形而上学的家谱树，其中有一对质点结合产生新的。在这个过程的最后是王国，国王可以触碰到我们所生活的这个世界。

如果从底部读取图表，则会显示从王国到皇冠的路线。如果我们从上向下阅读图表作为神圣的血统的下降，那么我们可以从底部向上读取它作为神秘主义的上升。这张图表示了神秘主义者与神圣的亲密接触的途径和阶段。与瑜伽一样，它可以有不同的路线。但是至少有一些神秘主义者可能会发现智慧就在虔诚的皇冠旁边。

阅读图表的第三种方式没有特别的方向，而只是探索它，将其作为揭示神的表现方式的一种不同方法，因此我们可以辨别出它的存在。最终，卡巴拉不相信可以用语言或者用合适的语言去描述神。但是与其他方式相比，我们更有可能以这种方式对其一探究竟。

正如炼金术可能与神秘主义相关联，卡巴拉也可能与魔法相关联。最著名的是关于魔鬼的故事。在中世纪欧洲，人们相信某些强大的神秘主义者可以真正地赋予人类雕塑生命的能力，而这些生物被称为魔鬼。例如，据说布拉格的拉比犹大勒夫（Rabbi Judah Loew）在16世纪制作了一个魔鬼为他工作。由于古斯塔夫·梅伦克（Gustav Meyrink）的小说以及保罗·韦格内（Paul Wegener）的一个无声电影，这个16世纪的神话在20世纪更加广为人知。这些故事的起源尚不清楚，但显然它们的渊源由来已久，可能与卡巴拉式的仪式有关。如果神秘主义的目的是在某种程度上变得神圣，甚至是成为神的一部分，那么除了表现出与神圣最相关的力量，即创造力，还有什么能够更好地证明已经达到这一目的呢？然而，灵魂故事的结局常常不太令人愉快。人类创造者仍然只是人类。他们也犯错误，这些错误可能会反过来困扰他们。在他们的错误中，他们表明他们的智慧最终只是人类的多样性。

诺斯替教

几个世纪以来，早期的诺斯替教徒并不为人们所熟知。我们所了解到的也只有其中几个人的名字而已，如卡珀奎提斯（Carpocrates）和华伦提努（Valentinus）（两人都生活在公元 2 世纪）。关于他们的思想和遵循的教义，我们只能根据反对这两位教徒的其他教派的人描述得知。许多早期的基督教作家把诺斯替教徒视作危险的异教徒。为此，这些基督教作家竭尽所能地破坏诺斯替教徒的名誉并销毁他们的作品。这一切进行得十分顺利。然而，完全出乎意料的是，1945 年在埃及的拿戈玛第（Nag Hammadi）镇附近发现了诺斯替教徒的一系列作品。自此，情况便完全发生了变化。这是时隔很久很久以后，古诺斯替教徒突然再次闯入人们的视野，为自己"辩护"。但是，他们"说"了些什么呢？

很显然，这些文本晦涩难懂、不易理解，没有人愿意假装它们浅显易懂。和卡巴拉教的相同点是，这些文本给人的感觉也是只有诺斯替教虔诚的信徒才有可能参悟出这些文本的真谛。然而，与卡巴拉教的不同之处在于我们至今仍不清楚要在什么样的背景下去解读诺斯替文本。虽然结合正统犹太宗教的背景去理解卡巴拉教有时候可能不太恰当。但是，毋庸置疑的是卡巴拉是犹太教中神秘的一支，其文本是在犹太教背景下创作的。但诺斯替教的情况截然不同。很显然，虽然许多基督教作家把诺斯替教视为基督教的异端，更有许多学者将其描述为基督教的一种回应；其他人则把诺斯替看作"是一种运动，更准确地说，是比基督教派影响更为古老更为广泛的一种运动。诺斯替教是各教派相互融合的产物，它融合了犹太教、多神教以及一些东方教派的传统元素"。[19] 有许多不同的教派和运动都在诺斯替教的庇护下生存发展。但如果我们认为这些教派都是离经叛道的，它们所反对的事物不尽相同。接下来我主要介绍诺斯替教派最重要、最常见的思想。

诺斯替主义者似乎总是认为自己是一种精英，"他们熟知根植在自己身体内部的神圣火花，他们能跟随来自体内的这种火花，穿过整个宇宙与上帝神秘结合"。[20] 他们认为自己真的是"迷失的灵魂"，只是被困在了这个物理世界中，他们的很多作品都试图解释这种情况是如何出现的。这让他们展开了各种各样的叙述讨论，以此来解释世间一切事物是如何形成的。他们面临的一个问题是，他们通常用一种非常消极的表达方式来描述这个物理世界，其中包括他们自己的身体，但他们不能接受的是，这个物理世界是由自己寻求结合的上帝创造的。这通常会引领他们去充当承担责任的中间人，而且有时候这个角色会被赋予一些智慧。《圣经》中的《箴言》为此想法提供了一个可能的灵感来源，但在诺斯替主义中有一个非常不同的观点：智者永远不会是邪恶的，但他会经常犯错，他的缺点有时被视为这个世界非常不完美的原因。

一旦了解到，我们每个人都是困于这个物理世界的神圣火花，并且知道这是如何发生的，那么我们就要采取下一个最重要的步骤了。诺斯替主义者并没有准备好接受他们的困境。他们把物理世界描绘得越消极，他们就越急于尝试从中逃离。最终，唯一的逃跑方式便是死亡，并从身体中彻底解放，但世上还存在其他临时的选择。就像许多神秘主义者一样，诺斯替主义者认为，人们有可能至少实现灵魂与身体的暂时分离，不过此时身体还是活着的，而这通常会发生在祷告和沉思中。在祷告和沉思之外，所有的诺斯替主义者都可以生活，这种生活以一种或其他方式来反映他们对物理世界的抗拒。禁欲主义是一条可行路线，反律法主义是另一条可行路线。在禁欲主义中，身体屈服于纪律，以至于身体不会成为分心的根源。在反律法主义中，身体相关的习俗被人们所藐视，以将其视为范例，表示人们的漠不关心。由于其中的很多习俗都与性行为有关，因此反律法主义者往往都是很多八卦的主体。

作为一种"趋势"，诺斯替教并不局限于任何特定的时间或地点中。中世纪欧洲出现了很多本质上可被视为诺斯替教派的运动。其中一个最著名的便是卡特里派（Catharism），它在法国的朗格多克（Languedoc）地区盛行了一段时间，并且变成了被称为阿尔比十字军（Albigensian Crusade）的目标。在一个教派中，压制教派成员，不让他们迎接死亡，总是很难做到的，但事实证明，清洁派教徒（Cathars）将此事坚持了好长时间。他们最后一次这样做发生于 1244 年，在比利牛斯（Pyrenees）山脚下的蒙特古（Montsegur）城堡。他们令人印象深刻的遗迹仍可被视为诺斯替教主义的纪念碑。

在一般的认知中，或许人们认为神秘主义和魔法在一定程度上是相同的。许多社会都会有各种有智慧的男人和女人来提供各种服务。这些人似乎有特殊的力量，虽然我们并不清楚这些力量来自何处。但是只要能够证明它们是有效的，或许人们便不再去关心这个问题，更别提去关心有没有答案这回事了。然而正如这里所讨论的一样，可以看出，神秘主义和魔法关注点不同。我们可以说，魔法主要是向外看，因为它试图影响事件；而神秘主义主要是向内的，因为它是关于个人的精神进步。两者主要的重叠表现在精神进步对外部事件的影响力上。从另一个方向看，奇迹经常被解释为与神相关的证据。

许多人对魔法和神秘主义嗤之以鼻，但即便是从汇集在这里的所有材料中选择最适中的材料来看，两者在智慧史上，甚至世界历史上也起了重要的作用。对魔法力量的信仰影响了数百万人的生命，而伟大的神秘主义有助于塑造世界宗教。而在他们的全盛时期，许多富有和强大的人至少打破了炼金术士之门的隐喻之路。无论今天的观点如何，许多人在许多不同的地方长时间相信魔法和神秘主义。而且有很多人认为，从某种意义上说，它们与智慧密切相关。

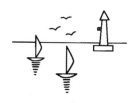

《所罗门》

这是由伊拉斯姆斯·夸利努斯（Erasmus Quellinus）设计的 17 世纪佛拉芒（Flemish）艺术品，此作品显示所罗门为一位老人。

在这里使用的象征主义既复杂又折中，但所罗门周围的所有物品，似乎都旨在强调他的成就多种多样。

第8课

智慧与谚语

Wisdom: A History

此处将谚语设为独立的一堂课。很明显这将谚语与哲学、历史等所有科目相提并论，似乎十分慷慨。这一部分将十分简短，但事实上针对谚语的研究本身是可以成为一个独立科目的，它被命名为谚语学。如果想要使谚语成为一门可研究的科目，谚语学确实是一个十分古老的科目，因为古代人在公元前2500年之前便开始收集记载谚语。然而这种说法需要进一步验证。古代苏美尔人的作品，如《苏鲁巴克给儿子朱苏德拉的指示》包含的不仅是谚语，就像《圣经》中的《箴言》篇一样，其在多个世纪以后才被编译。谚语、教谕文学和寓言之间存在各种各样的重叠。虽然现代学者不断研究一个流派的终结和另一个流派的开始，但是古代的编撰者可能并不在意这些。他们关心的主要是将富有智慧的言语汇编在一起，并将其放入可能会被看到的任何形式的文本中。虽然它们可能被视为文学作品，但其文学价值是次要的。其主要作用便是使人们能够从中学到东西。教谕文学的教学功能十分明确，但是在寓言和谚语中就并非如此了。相反，一个现代谚语收藏家开始通过观察写书，他的目的是"尽可能地追踪英国谚语的历史"。[1]这里没有别的动机，也不是别有用心。读者可能对这本书的内容感兴趣，但并没期望能从中获益。我们不应该期望所有社会在任何时候都会以同样的方式对待谚语。

谚语没有一致的定义，这点使谚语研究变得复杂起来。因为谚语在许多不同的文化中出现，所以很难给它一个一致的定义。现代辩论学家已经采取了各种各样的方法来解决这一问题。例如，大量学术研究一直试图找出谚语的共同结构。假如语言有许多不同的结构，那么这种方法只会提供高度一般性。例如，"谚语必须至少有两个词"的结论并不会让任何人有什么进步。[2]一句谚语的主要"结构性"事实是：它是简短的，而且有普遍的一致性。谚语的第二个特点，用亚历山大·蒲柏（Alexander Pope）在《论批评》（*Essay on Criticism*）中的话来概括最为完美：

真正的机智是天性；

经常被认为很好的东西，但从不会表达出来。[3]

163

谚语是"充分表达"的东西，它有一个审美的维度。在文学术语中，谚语就像微小的抛光宝石。同样的观点总是可以用更大的篇幅和不同的方式来陈述，但谚语胜在其简介和形象的描述。通过举例的方式，"小洞不补，大洞吃苦"（A stitch in time saves nine.）①试图将谨慎包含在这八个字中，且远远超出针的使用含义。然而对于那些根本不懂针的人来说，这是毫无意义的。显然，一个谚语的意象必须以某种方式与预期的听众产生共鸣。我们也希望用谚语中的意象来反映它原始的世界，这似乎是这样的："苏美尔谚语的主导意象反映了农业、畜牧业以及形成了苏美尔人的文化基础的生活方式。"⁴同样，"小洞不补，大洞吃苦"属于一种文化，在这种文化中人们会修补破了的衣服，而不是将其扔掉。

　　但是，我们为什么能准确地知道及时一针省九针呢？为什么不是四针或者十七针？唯一一个似是而非的解释是"时间"（time）和"九"（nine）的发音相似。这引出了令人难忘的另一个层面。"难忘"意味着"值得记住"和"容易记住"，并且这两种感觉都适用这里。韵律、头韵、半谐音可以使一个谚语更容易记住，但仅仅因为容易记住，并不意味着它值得。然而，将某事物称为谚语便是赋予它权威，使它值得记住。不管所罗门与成千上万的箴言有没有关系，为了赋予它们权威，人们都将它们归于所罗门。谚语不仅仅只是具有特殊意义，或传统上被认为充满智慧的话语。谚语之所以闻名于世，不仅因为所罗门政治或建筑方面的成就，还因为他的智慧。在古希腊，七位圣贤也有类似的功能。

　　有智慧名声的人即使没有刻意去说，谚语也会具有一定权威性。引用一句谚语不是为了发表个人声明，而是呼吁那些经受住时间考验并代代相传的东西。谚语可以构成一种集体文化智慧。在一些传统的非洲文化中，能够引用一句谚语来支持自己的立场，就如同引用判例一样。这引出了另一个谚语学的维度：

---

① 该谚语直译为：及时缝一针能省九针。——译者注

如何使用谚语还是值得研究的。在一种文化中，被视为体现智慧的具体事物可作为附加之言或文学点缀。比较基础上的谚语研究不仅要考虑文本，还要考虑语境。使用谚语的意料之外的背景之一是精神类疾病诊断，但若无法正确解释谚语，就被一些人认为是精神分裂症的症状。

虽然对于谚语没有一致的定义，但人们提供了许多不同的定义。摩西·伊本·埃兹拉（Moses Ibn Ezra）比大多数人做得更好，"谚语有三个特点：包括几个词、有意义、有一个良好的形象"。[5]

谚语中的智慧

约翰·罗素勋爵（Lord John Russell）曾说，谚语是"众人的智慧，也体现个人的机智"。[6]谚语之所以被认为是智慧的载体，最后一定是归结于它们的内容。将"几个词"和"良好的形象"组合在一起撰写出谚语是比较简单的，但没有"美好的含义"，这就不能称之为一个谚语。"及时一针省九针"十分简洁，并且很好地利用了意象，但它并没有"美好的含义"，所以并没有达到谚语应有的效果。虽然"好的含义"听起来比"智慧"更为世俗和平庸，但谚语中却有许多这样的东西。谚语的智慧毕竟是来自经验的智慧。纵观历史，人们已经寻求有着智慧名声的人的建议，这句谚语可以被看作是一种工具，通过它，智者的忠告被保存下来以及传播出去，以便人们可接触它。

不是每一句谚语都可被构造或成为一个明确的忠告的。从表面上看，"及时一针省九针"只可看作对世界如何运转的言论。然而，这样的言论可以成为一条建议的基础，因为它具有实际意义。谚语的忠告性是其隐含的一部分，当它逐渐处于一个与它相关的背景中时，这种忠告性就变得明显了（对于那些能够看到它的人而言）。只有当我们遵循这一建议，并且看到它起作用时我们才能真正理解它的含义。正如约翰·济慈所说："谚语对你来说是没有用的，直到你的生活证明了它的内容。"这种证明不一定是积极的。我们可能在没有听从一个谚语的建议，并且承受后果时，才会欣赏一句谚语的真实性。

人类的本性固定或者不变的程度一直是争论的焦点，我们期望气候和文化至少在某种程度上影响人们的世界观。然而对谚语的研究表明，有些东西世世代代，从一个地方到另一个地方的变化都很小。数千年前在古代苏美尔流传的藏书中有三个例子，比如："借来的面包不用还"；"苍蝇不叮无缝的蛋"；"收入永远不会满足，支出永远不会停止"。[7] 虽然我们不知道苏美尔人如何使用它们，但从翻译形式来看，理解它们的意思，或找到今天这个社会中可以使用它们的语境并不困难。

谚语间自相矛盾的情况很常见："小别胜新婚"（Absence makes the heart grow fonder.）和"眼不见，心不烦"（Out of sight, out of mind.）便是一对明显矛盾的谚语。这一现象反映出了一个关于文字的基本事实，即它一旦出现便会永远承载固定不变的意图或目的。直到爱迪生和其他人相对较新的发明出现之前，人们的话语在说出的那一刻便立即消失了，但书面文字可能永远存在。当智者的话被写下来时，他们便失去了对它们的控制，失去了可能使用和欣赏它们的语境的控制。"小别胜新婚"和"眼不见，心不烦"就像一个医生为两个患有不同疾病的患者开的两个处方。如果每个病人服用各自的处方药，那么一切都会好的。但是，如果他们交换处方，食用错误的处方药，那么他们都不会痊愈。缓解头痛的药物与降低血压的药物并不矛盾，它们只是作用不同。同样，一个谚语适用于这个语境，却不一定适用于另一个语境。理解特定的谚语什么时候可用，什么时候不可用，也许需要了解一些起初引起它们的智慧。而且理解谚语本身甚至可能超越其他一些能力，正如一个非洲谚语所说："对一个傻瓜说谚语，是需要给他解释的。"[8]

简短是谚语的优点之一，也是它的局限性之一。简短可以使谚语深入人心，但也限制了它的传播能力。一句谚语可以提供给人们瞬间的灵光，但它不能携带持续地讨论。把大量的谚语结合起来，只是创造了一系列独立项目。尽管这可以反映出世界观的连贯和统一，但这种世界观无法用全面而系统的方式表达出来。因此谚语不可与哲学混为一谈。

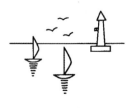

海伦娜·彼得罗夫娜·布拉瓦茨基（Helena Petrovna Blavatsky，1831—1891）

布拉瓦茨基毋庸置疑是支持"神通学"运动的知识分子。然而，她也是一个备受争议的人物，虽然很多人是因为她的作品才对她印象深刻，对于她所说的自己的知识是从不同的神秘老师那里学到的，人们持有怀疑的态度，大家认为这些知识只是她自己编造的而已。

第 9 课

智慧与当代社会

Wisdom: A History

本书并不是按照时间顺序编纂的。从某种程度上说这是不可避免的，因为众多年份都是未知的或只是推测的，结果并不准确。尽管本书提供的一些材料只适用于过去某个特定历史时期，但是仍有一些材料同样适用于当今社会。无论占星术起源于何时，至今仍有人从事这一活动；无论古印度教的神祇离我们有多遥远，如今在印度和其他地方的人们仍然尊崇这些古老的神祇。将这些大量的材料编纂起来并从单一的历史叙事角度来呈现这些内容是不可能的。然而在进入本书的结论之前，本章我将着重关注智慧在当代社会的发展境况。人类对智慧的探索至少跨越了 4500 年的人类史，上文提到 "recent"（最近，当代的）只是个比较宽泛的说法。本章的一些讨论将追溯至 19 世纪。但是我将从 20 世纪的新时代运动开始谈起。

新时代

新时代运动是一场声势浩大的文化寻根运动或思潮，自 20 世纪六七十年代以来，历经 30 多年的迅猛发展，从西欧和北美扩展到世界各地，形成风靡全球的反叛现代性的文化寻根大潮。在它的保护伞下，出现了大量的信仰和实践活动，有的是新颖的，有的是陈旧的，还有一些是新产生的却声称自己为旧思想：

深奥或神秘的佛教、基督教、印度教、伊斯兰教和道教都被纳入其中。"异教徒"的教义，包括凯尔特（Celtic）、德鲁伊（Druidic）、玛雅和美洲印第安人的文明都是如此。极其多样广泛的实践活动——比如禅宗冥想、巫术仪式、启蒙研讨会、管理培训、萨满教活动、荒野活动、精神疗法，各种积极思考的形式——都在这个范畴里。[1]

实际上包含的内容远远不止这些。如果反文化被视为一种反叛行为，我们所列举的内容显然都不是反文化。他们并不是制度化的基督教。在新时代运动兴起的地方，这些非制度化的基督教是迄今为止最主要的宗教传统。正如 20 世纪 60 年代风靡全球的反文化运动主张反对"既定体制"一样，新时代运动在精神层面上反对宗教的"教条体制"。新时代运动的倡导者并不认为人们可以获取智慧（该词频繁出现在新时代的著作中），他们一致认为人们无法寻得智慧。那么，在某种程度上新时代运动对许多事物都是持批判反对态度的。人们把新时代运动定义为"不认同既有事物"的运动。

然而，还有一点比这更重要的是，我们至少可以看到该运动也有肯定其他事物的一面。两个观念在新时代运动的思想和文学作品中相对频繁地重现。第一个是哲学问题。哲学的基本概念相对容易界定。人们认为世上存在某种普遍真理（truth，通常情况下 truth 要首字母大写即"Truth"），古往今来这种真理通常掌握在开明的人手中。哲学的实际内容更加难以确定。那些以哲学为创作主题的人经常强调，只有通过直接的经验才能获得真理；还强调"那些愿意恪守一些规则、内心充满爱、心灵纯洁和虚怀若谷之人才可能掌握真理"。[2] 虽然许多人都会谈论真理，但是很少有人真的理解其真谛。他们的言谈之中或许会传达出真理的某些含义，但是这些人无法掌握真理。

弗里肖夫·舒昂（Frithjof Schuon，1907—1998）是永恒哲学的代表人物之一，虽然在他很久之后才开启了新时代时期。弗里肖夫·舒昂出生在瑞士，在他还年轻时就读过《奥义书》；20 多岁的时候开始研究（伊斯兰教的）苏菲派禁欲神秘主义；在其 50 多岁时，加入了苏族联盟；步入晚年的他曾幻想过圣母玛利亚。一路走来，他写了许多书并赢得众多追随者。《诸宗教超越的统一》（*The Transcendent Unity of Religions*）是弗里肖夫·舒昂的第一部著作，该书的标题和内容都是从永恒哲学这一角度出发的。书中他阐述道："诸宗教真正的统一不仅体现在真理的统一，还表现在人类的统一之上。"[3] 不同宗教崇尚的信仰可能不同，但是无可否认的是人类都生活在同一个世界。使人们感到神奇的是所有的宗教最终都融为一体。从这个角度看，宗教间的外在差异并不重要。那些未能认识到这一点的人（也就是说，大多数的人）只能说明其宗教观念特别肤浅。在舒昂的哲学中我们会发现一种比较中肯的折中主义：对于宗教间存在的差异我们不必刻意消除，因为最后这些终将消失殆尽。这种前瞻性的观念其实与新时代运动者的观念相互呼应。舒昂及其追随者有时把他的作品称为"智慧哲学"，很显然他们认为哲学与智慧存在某种联系。

贯穿新时代运动的另一种被反复强调的思想被称为"自我灵性"（Self-spirituality）。从《奥义书》到诺斯替教，在许多不同的地方我们都可以发现这一观念，即神存在于人们心中。对新时代者而言，"内心的境界并且只有内心境界才被当作活力、创造力、爱、安宁、智慧、权力和所有其他可以创造完美生活的一切美好品质之源"。[4] 这种主张修行境界的想法可能与赞成"外在"行为约束的观念相悖。其中，我们也可以看到一些想法与古犬儒哲学相得益彰，即人们要摒弃传统的生活行为习惯，"按照自然规律去生活"。然而，神灵就存在于人们心中，这种想法会导致人们认为心中所想之物都是神圣不可替代的。如果人们产生这样的想法就会使事情变得更加严肃（其实后面的这种想法更加危险）。人们的内心世界的各个方面都被视为（或部分被当作）真实性和神圣性的表现，并且这种真实和神圣性具有普遍、独特不可替代的价值；以上这种想法会导致人们内心世界的崩塌。

虽然"永恒哲学"和"自我灵性"是新时代运动的重要主题甚至该主题占据主导地位，事实上新时代运动衍生了许许多多规模不一、新旧不同且与之无关的个人运动，零零散散地分散在世界各个国家，因此该运动的主题远远不止上面两个。可以说，新时代运动是建立在巨大的精神需求之上的，而且这种需求通过形形色色的人们来得到满足。

有众多新时代的人物可供人们研究探讨，但是我主要关注两个比较特别的人物。薄伽梵·室利·拉杰尼希（Bhagwan Shree Rajneesh，1931—1990），他出生时曾名为香卓拉·穆罕（Chandra Mohan），之后改名为奥修（Osho）。20世纪70年代，奥修位于印度的道场吸引了许多欧洲和北美的人前来拜访。尽管最初的追随者几乎都来自印度，但是来自世界各地的其他追随者的数量很快就超过了那些印度的追随者。这些追随者都是先去浦那（Pune）道场，然后再到俄勒冈州（Oregon）的新道场参观拜访。在世界各地的许多城镇地区，身穿橙色衣袍的追随者已经成为这些地区的一个常见的"风景线"。在美国，一些支持拉杰尼希运动的成员的滑稽行为和对该运动的过分宣传反倒破坏了其名声。拉杰尼希对收购劳斯莱斯的热情让许多人不以为然。然而，在所有负面宣传的背后，也有对其肯定的评价。人们认为拉杰尼希是一位极具魅力、不拘一格和善于创新的教师，他能就各种精神主题和传统发表即兴演讲。然而，在各种各样的新奇事物背后，还存在一个非常简单而又古老的信息："生活是为了凝神静气……而集中注意力也是练习瑜伽的目的。"[5]拉杰尼希借鉴并教授了各种各样的冥想技巧，同时他也自己设计创造了一些新颖的冥想技巧。但是这些方法技巧也都是殊途同归而已。尽管拉杰尼希许多冥想技巧都是原创的，但毫无疑问，有些冥想技巧是遵循了传统修炼技巧。

1955 年，普布·洛桑然巴（T. Lobsang Rampa，1911—1981）的《第三只眼睛》（*The Third Eye*）一书在西方出版。自此，他在新时代运动开始之前便吸引了人们的目光。在本书中，普布·洛桑然巴叙述了他在西藏长大的生活经历。该书十分畅销，随后他又出版了许多书目。最后一本出版于 1980 年，当时新时代运动正在如火如荼地进行。多年来，他赢得了数量十分可观的读者，但并非所有的都是对他印象深刻的忠实读者。一些人质疑他的真实身份，有调查显示，普布·洛桑然巴实际上是来自德文郡的水管工西里尔·哈斯金斯（Cyril Hoskins）。哈斯金斯坚称，他已经承接了一名西藏喇嘛的精神，书中所讲述的一切都千真万确。如今有一些网站专门致力于研究洛桑然巴，这些研究人员始终认为他是真正的西藏人，但是却找不到西里尔·哈斯金斯这个名字。正如一位经验丰富的观察家所指出的那样："我们可能会欣赏他那种简练的风格、超常的想象力和他的厚脸皮。但与藏传佛教传统本身所蕴含的东西相比，这根本不值一提。"[6]

拉杰尼希和普布·洛桑然巴的生活阅历都十分丰富多彩，他们两个都有许多忠实的追随者。两者都存在诸多争议，但方式各不相同。虽然拉杰尼希不太正统，但他为人真诚；而普布·洛桑然巴却被许多人当作彻头彻尾的骗子。但对那些探究两者身上"特别之处"的学者而言，他们两个确实有些可取之处。

通神学会的信仰体系早在新时代之前就已经开始了，但是从事这一活动的人都是一些充满热情的新时代者。该运动是以神智学会（Theosophical Society）为领导核心发起的，该协会是1875年由海伦娜·布拉瓦茨基、亨利·斯蒂尔·奥尔科特（1832—1907）和其他同伴在纽约创建的。不久之后，他们在亚达尔（Adyar）设立了一个新的总部，该总部位于印度南部马德拉斯（当今的金奈）附近。在其历史进程中，该协会不断发展和分化。布拉瓦茨基和奥尔科特去世后，安妮·贝赞特（Annie Besant，1847—1933）成为该运动当之无愧的领导者。但是她任命克里希那穆提（Jiddu Krishnamurti，1895—1986）为新一任"世界导师"，引起了一些人的不满。比如鲁道夫·斯坦纳（Rudolf Steiner，1861—1925）就因此成立了自己的人类哲学协会，在一定程度上是为了与之对抗。另一位神智学者爱丽丝·贝利也相继离开，之后参加了独立运动并创立了通神会（Arcane Society）。克里希那穆提、斯坦纳和爱丽丝·贝利都成了新时代的宠儿。

就知识学问而言，海伦娜·布拉瓦茨基为神智学协会做出了重要贡献，她的著作构成了该协会的核心教义。海伦娜·布拉瓦茨基是一个特别让人好奇而且极具争议的人物，她写了很多书。其中，《揭去面纱的伊西斯》（*Isis Unveiled*）和《秘密教义》（*The Secret Doctrine*）是她的两部重要著作。其中在《开启神智学的钥匙》（*The Key to Theosophy*）一书中，她对自己的作品做了简练的总结，并就他人的一些批评做出了回应。神智学是一种"智慧宗教"，几个世纪以来，由许多智慧大师或专家组成的神秘学兄弟会保存和代代相传下去。海伦娜·布拉瓦茨基声称受到智慧大师的教导和影响，但她的作品取材特别广泛。在《秘密教义》中，她声称自己看到并翻译了一些人类未知的神秘文字，这一说法对那些持怀疑态度的人毫无帮助。

在内容方面，神智学带有强烈的折中色彩。神智学协会的宗旨之一就是"证明古亚洲文明即婆罗门、佛教和琐罗亚斯德哲学的重要性"。[7]然而，神智学的主要灵感之一可能来自非洲文明。虽然并不确定阿蒙纽斯·萨卡斯（Ammonius Saccas）是否来自埃及，但是他在亚历山大任教多年。阿蒙纽斯·萨卡斯没有介绍过自身的情况，但通过他的学生比如普罗提诺斯（Plotinus）和奥利金（Origen）可以了解到他。普罗提诺斯通常被认为是新柏拉图主义的创始人，新柏拉图主义认为柏拉图的哲学越来越向着神秘学的方向发展。阿蒙纽斯·萨卡斯并不是智慧宗教的创始人，他仅仅是其重要的传播者。但即使是这样也有点令人惊讶，因为海伦娜·布拉瓦茨基声称她在亚洲游学时学习过阿蒙纽斯·萨卡斯的深奥知识。

在海伦娜·布拉瓦茨基的著作中提到了一系列人名和传统，这些有可能会令人们把神智学视为永恒哲学的另一种变体。虽然新柏拉图主义的主题是"需要将灵魂与肉体分离出来，然后进入人的内心"，这也暗示了其与"自我灵性"的联系。[8] 不难看出为什么新时代人会发现神智学十分有趣，极具吸引力。作为神智学本身，它体现了独特的折中主义色彩，对其他元素兼收并蓄。无论海伦娜·布拉瓦茨基是否曾在游学途中遇到过智慧大师，通过撰写《秘密教义》，她可以理直气壮地宣称，她在欧洲和北美传统背景下引入了许多不为人们熟知的亚洲传统。

索菲亚学说

反抗基督教制度化的新时代者或许会感到惊讶，他们自己竟然知道索菲亚学说的发展。1875 年，一名年轻的俄罗斯男子为了"学习诺斯替、印度和中世纪的哲学，利用莫斯科大学提供的奖学金来到了伦敦"。[9] 这位年轻人就是索洛维约夫（Vladimir Solovyov, 1853—1900）。9 岁时，索洛维约夫在大学的教堂里就曾经憧憬过索菲亚这一神圣的智慧。现在在大英博物馆阅读室，他又有了对神圣智慧的另外一个憧憬，并感觉埃及在召唤他。在开罗郊区的沙漠中，他拥有了对神圣智慧的第三个也是最后一个愿景。令人惊讶的是，这些愿景对索洛维约夫的思想产生了重要的影响，索菲亚也是他在作品中反复提及的主题。然而，通过这一点，索洛维约夫真正想要表达的是有问题的："索菲亚是上帝的实体，是（圣父、圣子、圣灵）的三位一体，是创造的原型，是圣灵的实体。"此外，索菲亚也是"永恒的女性"，与"圣母""上帝的母亲玛丽"都相关联，也可以再加上"世界灵魂"和"理想人性"。[10] 我们很难从任何一个整体中抽取或者强加一些东西，而且也很难知道索洛维约夫是否会改变自己的立场，还是他会为自己所持的立场而奋斗。索洛维约夫以为自己心里十分清楚索菲亚的重要性，但实际他却并不清楚。如果我们看看索菲亚在索洛维约夫思想中发挥的作用，在我看来，索洛维约夫认为索菲亚主要是一个统一的力量，它可以汇集人类和神圣，这是索洛维约夫自己的索菲亚所做的事情。

索洛维约夫为俄罗斯的索菲亚学说奠定了基础，在此基础上，其他人以不同的方式建立了该学说。帕维尔·弗洛伦斯基（Pavel Florensky, 1882—1943）在生前巧妙地融合了牧师、哲学家和科学家这三重角色。还是学生时，弗洛伦斯基就接触到了索洛维约夫的思想，这促进了他自身智力的发展。与索洛维约夫一样，他也以多种不同的方式阐释了索菲亚学说。作为牧师，弗洛伦斯基自然会对正教学说和神学感兴趣。弗洛伦斯基阐释了索菲亚与教会、礼仪及其圣像的相关关系。在困境中，弗洛伦斯基将索菲亚学说视为信仰和希望的来源："在 20 世纪初，政治大波动环境下，公认的索菲亚形象为救赎，连接彼此，体现世界的统一性和整体性。"[11] 索菲亚可以将神与人类结合在一起，同时也可以保证人类不被神遗弃。

虽然弗洛伦斯基留在了斯大林统治下的苏联，但有一些哲学家离开了苏联，其中一位就是布尔加科夫（Sergei Bulgakov, 1871—1944），他设法去了法国。布尔加科夫进一步发扬了索菲亚学说，而这对于有些人来说则不能忍受。于是在 1935 年发生了著名的索菲亚事件，那时，俄罗斯正教会和俄罗斯东正教教会境外教堂机构（由俄罗斯流亡者建立并支持的组织）都指控布尔加科夫为异教。幸运的是，布尔加科夫的主教富有同情心，专门成立了一个小组来调查该问题，但未得出任何结论。很明显，索菲亚学说正在朝着使一些人非常紧张的方向发展。

像弗洛伦斯基和布尔加科夫这样的索菲亚神学家面临的问题是要接受并坚持正教会神学的三位一体，即神圣表现在圣父、圣子和圣灵三个不同人的身上。

177

事实上，弗洛伦斯基曾将索菲亚学说与"第四种三位一体"联系在一起，但布尔加科夫并不同意该观点。问题仍然是：若索菲亚学说并不是神的一部分，那它与神的关系又会有多紧密。在布尔加科夫的《羔羊的新娘》中，他这样说道：

……神圣的索菲亚包含所有的神灵。神圣的索菲亚是神的彻底自我表露，是神的全部……所有的神灵均属于神圣的索菲亚；她是所有神灵的结合体……因此，神圣的索菲亚（也称为神圣的世界）是上帝的生命本质。[12]

通过上述的描写，我们可以看出，布尔加科夫在极力地维持索菲亚与神圣之间至少存在一定的距离，但实际上他做得并不好。这就不难看出，为什么有些人会感到紧张。

俄罗斯的索菲亚学说是一个新的、激进的学说，它试图解决智慧和神圣之间的关系是什么——这一困扰犹太人和基督教几个世纪的问题。

圣人哲学

如果智慧和神明之间的关系是一个非常古老的话题，那么圣人哲学就是一个相对较新的话题。术语"圣人哲学"起源于一个非常特殊的语境中，现在有必要从补充一些背景知识开始。在非洲的殖民时代，许多欧洲人质疑"非洲人"是否有理性或抽象的思维。毫不奇怪，后殖民时期对这个根本性的种族主义问题产生了一些反应，而圣人哲学的观念就是其中的反应之一。值得一提的是，质疑非洲思维本质和质量的人，很多都为基督徒，他们大概不怀疑神学家的理性，例如希波的神学家奥古斯丁（他生于非洲，死于非洲）。他们也没有对院校的知识完备性产生怀疑，如开罗和开普敦大学。他们讨论的主要是口头文化，对图书馆的内容没有特别的兴趣。这项讨论也关注传统团体，而不关注学术界。所以圣人哲学解决的基本问题是，在传统的非洲社会遇到的那种智慧，是否可被视为一种哲学。因此，这是一个很有趣的问题，此问题的相关性超越了非洲边界。

关于口头文化的问题很快就可以解决。我找不到任何理由去相信哲学与读写能力本质上是相关的。在西方哲学传说中的主要人物，如毕达哥拉斯、苏格拉底和阿蒙纽斯·萨卡斯，他们似乎承认自己什么都没创作，而且爱比克泰德（Epictetus）的"作品"，事实上是由他的学生阿利安做的记录。但很少有人质疑这些人的哲学资格。我们不止一次地看到，与口头文字相比较，书面文字具有一定的缺点。确实，所有提到的这些人都是生活在文化社会中的，但是否正是这点才使得他们的行为更具有针对性？如果人们的读写能力只是一个备忘录，那么哲学便完全没理由需要它了。

一个更有趣的问题关注点是，人们所谓的"民间智慧"与哲学是否有可比性，如果没有可比性，那两者之间的区别会是什么呢。亨利·奥德拉·奥鲁卡（Henry Odera Oruka, 1944—1995），对于把"圣人哲学"一词带入此语境中，负主要责任，对此他是这样说的：

我使用圣人哲学，来表达在任何特定团体中智慧男士和智慧女士的想法，圣人哲学也是一种思考和解释世界的方式，而这个世界在流行智慧（众所周知的是公共准则、格言和普通常识真理）和说教智慧间摇摆不定。说教智慧是一种详述的智慧，是一个团体中一些特定个体的理性思维。虽然流行智慧常常保持一致，但说教智慧有时会对公共组织和流行智慧进行批判。[13]

好像奥鲁卡提出的是，民间智慧的传播者（他称之为"流行智慧"）几乎应被视为公共资源，被视为一个可维护和宣传团体基本价值观的人。这样的角色是合法的，因为民间圣人可能在暗中呼吁人们对某些事物进行判断，看其是否与既定的、可接受的方式保持一致。这有时可能涉及决定哪个谚语适用于哪个场合。在许多社会中，判断是与智慧密切相关的活动领域，因而人们希望他们的法官是个智者，这是完全可以理解的。

奥鲁卡认为，虽然民间圣人的智慧是真正的智慧，但它并不是哲学的一种形式。很遗憾，我认为他在此处选择的文字并不是非常有用。考虑到殖民时期关于非洲思想本质的辩论，他使用"理性的"这个词语是可以理解的。然而，目前我们还不清楚，为什么他认为"流行智慧"并不会用于说教的目的。在我看来，其对立面似乎更可能是真实的。不过，我认为他正在尝试提出两点宝贵的意见。首先，我们可以将很多的"公共准则、谚语和普通常识真理"组合在一起，但它们并不能构成一套思想体系。我们在民间智慧中有很多个人言论，但没有一个理论支撑可将它们结合在一起。其次，民间智慧本质上是保守的，而哲学是必须具有批判反思型思维的。如果不是现状的执行者，那么民间圣人就像文化英雄一样，代表现状的价值观。然而，哲学家必须准备挑战现状，如有必要，可直接拒绝。"人们一直是这样做的"，此观点虽然在传统社会中占有重要地位，但是具有很少的哲学价值。

奥鲁卡称，民间圣人和哲学家都可在传统的非洲社会中找到，有时同一个人会同时具有这两种身份。这确实是一个事实，因为我找不到理由来反驳它。最后只有通过质疑人们才能确定为什么他们可以坚信自己所持有的观点，这是圣人哲学的学生所使用的方法。在具体语境中，产生了对圣人哲学的讨论，除了具体语境之外，它还有助于重新评估哲学的本质，以及哲学和智慧之间的关系。

走向智慧科学

如果智慧的话题不会给人们带来无穷无尽的研究机会，那么它提供的研究机会肯定也是大量的，并且会产生很多与此相关的学科。在这里我想简要地介绍一下，学者们在过去30多年里从事的一些研究领域。广泛地讲，此项研究已经解决了三个基本问题。第一个问题是：我们如何定义智慧？ 第二个问题是：我们如何识别智慧？第三个问题是：智慧能否被衡量？并不是每个人都对这三个问题同样感兴趣，但他们能提供帮助来把一些不同的项目统一在一起。最近的很多文学（但绝不是全部）都出自主修心理学的人之手，而这可被人们广泛理解。

　　当《智慧：它的本质起源和发展历程》（*Wisdom: Its Nature Origins and Development*）一书在 1990 年出版时，被视为在现代智慧研究中具有重大意义的事件。其编辑罗伯特·斯坦伯格（Robert J.Sternberg）把各种各样的文稿汇集在一起，以覆盖其标题所涵盖的广泛领域。对于我们这种对智慧研究感兴趣的人来说，这本书的外观看起来像是在传达一个信息："你不是孤身一人！"然而，当你阅读这本书的时候，你会发现它表达了一个完全不相同的信息："至于智慧到底是什么，我们达不成一致意见！"书中产生了对智慧的十几种不同理解，从那以后，甚至更多的内容已被添加到目前已有的理解范本中。智慧本身也分为一般智慧、个人智慧、理智智慧和超凡智慧等。即使是最狂热的折中主义者，也很难从这一切中提出任何一种具有连贯性的整体画面。虽然有些分歧是关于细节问题的，但有些问题完全是根本性的。智慧是一种知识？一种技巧？一种感觉？一种人格特质？抑或它是所有这些东西的一部分或全部结合体？

　　近年来最有影响力的智慧特征之一，与所谓的柏林智慧范式（Berlin Wisdom Paradigm）有关。它在由保罗·波尔多斯（Paul Baltes）和其他人在马克斯·普朗克社会发展研究所（Max Planck Institute for Social Development）所做的工作中脱颖而出。这归因于对智慧至关重要的五个因素："关于生活的丰富的事实知识；关于生活的丰富的程序知识；终身语境主义；价值与生活优先相对论；对不确定性的认识和管理。"[14] 这不仅可作为一种对智慧的陈述，而且也是对如何识别智慧的指示。例如，我们可以合理地期望，人们在以某种方式表现自己的行为时，拥有对世界如何运转的了解，以及对不确定性处理的能力。

　　虽然我们确定了五个因素，但可以将其缩减到两个更加基本的因素。前两个因素是关于知识的，最后两个因素是关于适应性的，而中间一个则包含两者的因素。柏林智慧范式所产生的东西，实质上是一种脱离教条主义的理解。

　　然而，许多人不喜欢柏林智慧范式留下的东西，尤其不喜欢它缺乏任何的情感层面。其中一个人便是莫妮卡·阿戴特（Monika Ardelt），她提出了所谓的三维智慧量表（Three-Dimensional Wisdom Scale），而这三个维度是认知、反思和情感。"认知"维度与柏林智慧范式所显现的东西非常接近，"反思"维度与自我检查和自我意识的能力相关，而"情感"维度则包含我们对他人的感觉。也许更详细地讲清楚情感维度的含义，是有用的：

（它）包含一个人对他人同情和慈悲的爱。通过自我反思来超越自己的主观性和预测性，有可能会减少人们的以自我为中心。反过来，这又可以让人们深入了解自己和他人的动机及行为，因此使智者能够以更具建设性、更有同情性和更慈悲的方式与他人交流。[15]

对智慧更科学的研究方法趋势，在当代研究中体现了一部分。它不仅试图定义智慧，而且还要测量它。心中有了这个目标，阿戴特制作了一个具有39项问题的问卷，该问卷用于评估人们按照智慧量表会在何处显示出下降趋势。然而，虽然智慧量表确实测量了一些东西，但并不是每个人都认同它可以测量智慧。

卡洛琳·阿德温（Carolyn M.Aldwin）等人采取了另一种方法，他们认为"智慧的发展是一个过程，而此过程便是自我认识、无执、整合和自我超越，或偏离自我"。[16]这种方法在一定程度上受到了早期智慧研究的影响，但与其他所有科学传统相比，它更多是受到哲学、心理和神秘传统的影响。[17]2008年，经阿德温、阿戴特等人共同努力，提出了一个多人达成一致意见的智慧定义，这将会把不同的观点集聚在一起。结果如下：

智慧是一个能反映发展过程的实践，在此过程中，人们会提升自身的自我认识、自我整合、无执、超越自我，以及对生活的同情怜悯和深入理解。这种实践需要更好的自我调节和道德选择，这会为自己和他人带来更大的好处。[18]

毋庸置疑，对于智慧，人们还没有达成一致意见，因此还有更多的工作要做。鼓舞人心的是，在人们之间，出现了一种共同目标意识，他们一致认为智慧是多维度的。促进当代智慧研究的不同学科，正在帮助它将其不同方面展现出来。

最后，值得注意的是，智慧也成为神经生物学家的研究领域。如果智慧在某些心理能力方面是可分析的，无论这些能力是认知的、反思的、情感的还是其他的，那么智慧也许会识别与之相关的神经生物学基础结构。人们显然需要做更多的工作，但令人兴奋的是，一个全新的立场已被人们展现出来了。

也许从本堂课中得出的主要信息是，对智慧的兴趣仍然好好地存在着，人们可在很多意想不到的地方发现它。作为一个总括术语，"新时代"庇护了一些不美好的现象。新时代的人在各种运动中发现了灵感。这些运动中有些本就是无可挑剔的正统，有些则完全是混合性的。在新时代世界的某些地方，新生活中吸收了旧传统，在某些地方，骗子对弱势群体进行掠夺。世界上出现了很多以"智慧"为自身标题的书籍，不过虽然有些书籍提供了真实的文章，但是有些内容几乎没能超越上述的平庸。新时代运动最成功的是，为那些发现更多传统宗教运动不吸引人的人，开辟了许多不同的精神发展路径。

索菲亚学说和圣人哲学都以自己建设性的方式，推翻了长期以来传统的界限。指责布尔加科夫为异教徒的事实能充分证明索菲亚学说的根本性质，但为智者在犹太教和基督教中寻找令人满意的位置，形成了一个长期存在的问题。圣人哲学挑战了哲学是什么或可能是什么的概念，虽然这个挑战发生在一个特定的后殖民时代环境中，但此问题却引起了更广泛的共鸣。

最近的事态发展已使智慧的研究变得更加科学化。首先，它正引起社会科学和现在的自然科学的兴趣。这可能只是一个有利因素，而且在未来的几年里，这些学科有望得到令人关注的、极其重要的发展。

圣索菲亚女神像

此雕像出自格奥尔基·卡普卡诺（Georgi Chapkanov）之手，位于保加利亚索非亚市，于2000年被架设在另一座雕像——弗拉基米尔·列宁雕像曾矗立的位置。

此雕像高8米，被放置在高14米的底座之上。索菲亚手臂上栖息的猫头鹰为智慧的传统象征。

结束语

亚里士多德在他的《尼各马科伦理学》（*Nicomachean Ethics*）开篇中谈到并非每一个学科都能达到同等准确的水平，但是至少每个学科都应该达到与当前的学科相适应的水平。我们必须接受的一个事实是：某些学科与其他学科相比更具有不确定性。在前面的章节中我已经特别留意到了这一点。特别是我并没有给所有的材料强加一个统一的叙事或模式。因为不同年龄和文化可以为自己发声，同时我们也可以听到许多不同的声音。这已经成了之前做法中的部分要点，并且我已经在极力展示智慧世界中可能会遇到的各种各样的东西。尽管有时候智慧的世界本身和秩序相关，但是智慧的世界本身可能看起来就有些杂乱无章。鉴于世界如此之大，所以我们所见到的无序可能只是在一定程度上的。

针对这种情况有两种显而易见的应对方法。第一种是辩称无序只是一种表象，其背后实质上是有序、明确和统一。第二种方法是承认这种无序的事实，但是要寻找主题和线索将其贯穿起来，给予其凝聚力。通过这种方法，无序仍然存在，但是事情就得以从完全杂乱的状态中梳理出来。

对于那些相信第一种解释的人来说，可以采取两种路线，即传统和定义。在对传统路线最确切的理解中，智慧是如此深奥，必须从一个人直接传达给另一个人。只有来自真实来源的既定的传播路线才可以作为证据。显然，这产生了一些问题。传统越进一步回溯，越难以产生令人满意的连续传播线的证据。另一方面，如果传统起源于近期，那么传统还重要吗？如果传统可以随时开始，那么这会不会减弱传统的需要性？如果一个新的传统可以随时开始，那么我们为什么还要寻找古老的传统呢？

对于赞同传统路线最确切理解的人是那些像神秘学派教徒（Kabbalists）一样的人，他们认为有必要将自己的传统追溯到第一个人（即亚当）。在那些采取了相同路线的人中就包括苏哈拉瓦迪（Suhrawardi）和穆拉·萨德拉（Mulla Sadra），他们编写了想象中的家谱，回到了最遥远的过去，并与哲学家、国王和先知联系起来。但是，这些家谱的开始通常有某种神圣的启示，有时是天使的帮助。这些有关智慧的相似观点似乎结构相同。第一，智慧被看作是神圣的；第二，人类可以通过启示接受智慧，并且可以通过从一个人到另一个人的直接传播保存它；第三，当智慧的时代结束以后，就只能通过传统来获得智慧。

如果对传统路线的理解加以拓宽，那么就会产生永恒哲学。此外，还有一种信仰便是共同的智慧，但是它不太强调直接传播。不同文化可能已经在不同的时期分别发现了它，因为它被认为是所有正宗宗教的基础。永恒哲学可能会被看作为一般哲学的神秘核心。因为神圣的启示并非永恒哲学所必需的，所以其对于传统的强调更弱，可以适应多种传统。然而，将传统作为智慧的安全传播手段仍然广受尊重，并且永恒哲学的许多提倡者很渴望将自己定位在一种或另一种传统中。

传统路线的一个主要特征是它往往比较深奥，这就意味着沿着它传播的智慧的内容对外界来说仍然是模糊的。然而，似乎人们通常将传统路线等同于一种特殊而又深刻的知识，只能通过直接经验获得。

相对于传统路线，那些想要辩称智慧的统一性的人则采取了另一种路线，也就是前面所提到的"定义"。在转向对这条路线的论述时，这里仍然提倡智慧是一种知识。至少从亚里士多德时代起，智慧与知识之间的联系就或深刻或广泛或深刻又广泛。一些人从百科全书式的角度理解它，其他人则更多的从以理解为首要原则的角度去理解。柏林智慧范式中的一种或多种知识也是最为突出的，构成了其五项要素中的两项。然而，其他三项要素并未将智慧列为纯粹的知识。无论"识别和管理不确定性"的确切含义如何，与知识相比，似乎它与认知和技巧之间的关系更为密切。莫妮卡·阿戴特进一步发展了这一发展方向，她明确地将智慧的灵感和情感带入了智慧之中。最后，由卡洛琳·阿德温等人明确地将智慧定义为包含许多不同元素的实践。

在这本书中我在占卜上投入了很大篇幅，但占卜并不是阿德温等人所说的那种实践。他们一直致力于的智慧的定义并不包括占卜。然而在我看来，占卜与智慧之间的联系似乎太密切太强大了，不能忽视。如果占卜是智慧的一部分，而智慧的定义中没有占卜的位置，那么该定义就是不完善的。路德维希·维特根斯坦（Ludwig Wittgenstein）观察到，如果我们试图定义一个游戏，那么我们面临的问题是该游戏没有特征，更不用说一套特征了，这适用于所有游戏。我们所发现的是一个重叠和交叉的复杂相似性网络：有时是整体相似，有时是细节相似。[1] 或者换一种方式说，在无序背后即使没有实际的统一性，但至少可以确定一些贯穿其中的主题或线索。

书中出现许多主题，在我看来这阐明了智慧的不同方面。其中反复出现的一个主题就是创造力，而且它以许多不同的方式出现。在琐罗亚斯德教、犹太教和基督教中就有一种传统，即将智慧人格化，其在创造世界中发挥着重要作用。许多文化英雄也被认为在这方面有功劳。著名的所罗门的判断表明了一种不同的创造力，即富有创造性的思考力，他对含混的问题提出了解决方案。在某些文化中解决谜团的价值也可以被认为有智慧。在许多文化中，人们一般认为奠定了文明基础的人拥有特殊的智慧。像阿普卡卢，有时候他们似乎只是从上帝处带来礼物的使者，但是其他人则被认为是这些东西本身的创造者。即使像托马斯·爱迪生这样的现代发明家也可能会被认为展现出的是奇迹般的功绩。

第二个主题是相对主义。人们注意到，在一个文化（或亚文化）中因为智慧所传递的信息可能不会在每一个地方都因为智慧而得以传递。印度瓜廖尔（Gwalior）的王公坚持射杀各种东西，尤其是老虎，这是对统治者的部分孩子所做出的行为要求，这反映了他的时间、阶级和地点的风俗习惯。但即使在古埃及存在枪支，也不能假定普塔霍特普鼓励他的儿子与野生动物拼杀。尽管属于教谕文学的文学作品所提出的建议有些可能非常普遍，有些可能非常特别，但是这些文学作品通常会呈现出一个特别的世界。相对主义的主题也会出现在所谓的民间智慧的现象中，这种现象往往较为传统和保守。因为不同文化之间的公约各不相同，因此民间智慧的内容也不尽相同。另一方面，智慧也可能归因于那些挑战惯例的人，如愤世嫉俗的哲学家和骗术师。

相对主义的另一面是普遍主义，这也是有证据的。尽管像"饥饿的地方，没有坏的玉米饼"[2]这样的谚语有特定的起源地（这里指中美洲），但它们表达的看法和真相在任何地方都能得到承认：如果你饿了，那就没有什么东西是不能吃的。事实上，有些谚语起源于几百甚至几千年前与我们自己完全不同的文化和地点。我们不仅可以理解，而且能够欣赏这些谚语是非常重要的。我们努力去理解古代和当今文化中的许多事情，总体而言谚语对我们来说是非常有意义的。它们对我们有意义，因为在某些方面来说，人类的生活几千年来变化不大。我们仍然需要吃、喝、睡觉；我们仍然在爱与不爱；我们仍然需要找出彼此相处的方法等。如果有什么是4000年前生活中的一个基本问题的很好的解决方案，而同样的问题今天仍然困扰着我们，似乎只有试试看才是合理的。如果它是有效的，那么它就是一个普遍的核心，就是谚语智慧的核心。

另一个反复出现的主题就是智慧与忠告之间的联系。被认为聪明的人会经常向他人寻求建议。这大概是因为他们认为这是有一些实际价值的，并且可以注意到这一点并非是无关紧要的。正如其他神秘主义的观点所证明的那样，智慧并不总是与实际问题有关。智慧和建议之间的联系似乎有两种方式。第一种通过知识产生联系。明智的人总是比其他人拥有更多知识，这是已经被证实了的。虽然获得不可获得的知识通常并非只有一种功能，但它是占卜的目的之一。占卜涉及与神的某种联系，这种想法只是为了增强占卜与智慧之间的联系。第二种是通过认知产生联系。据观察，圣人可以被视为超越了派别偏见，其中自私是最大的障碍。我们可以看到，三维智慧量表着重强调了情感维度，突显了减少自我中心的重要性。这一切似乎都指向了之前我所总结出的结论。[3]自利会使我们在理解我们所处的世界时产生偏见。如果我们能够消除这种偏见，我们对世界的理解就会得到改善。因为我们对如何看待世界做出了反应，所以我们对于这个世界的认知越准确，我们对它的反应越合适和有效。在我看来，这似乎是佛教的怜悯教义的基础。我们不能让自己有同情心，但当我们正确地了解世界时，就会变得富有同情心。无论我们用字面还是隐喻方式使用这个术语，智者都能够比其他人更好地认识这个世界，因此对如何生活能够更好地提出意见。

也许自利（或它的缺失）的概念也可以帮助阐明巫术与魔术之间的区别。当使用魔术来实现自身利益与其他目的时，也许我们对这个区别的理解会更好，而不是单纯地把魔法当作"好"或"坏"。

所有这些主题在我看来，都是与智慧的复杂现象相关的，但实际上并没有给出明确的定义。试图给出定义可能有助于澄清智慧这一整体中的某些部分，但我怀疑的是他们是否曾经成功地理解过智慧这一整体。

我首先表示，在我自己看来，对智慧的研究主要是有关人的，因为我们主要是在智者身上看到智慧。这就是为什么这本书中会出现这么多人物的原因。虽然有些人源于神话或传说，但大部分都是现实生活中的人物。在智慧的世界中，书面的话语都需要被质疑，这是在很多情况下都会见到的一种想法。在谚语这种文体背景下，对书面词语的限制是最容易看到的。因为谚语只是对生活的一点洞察，所以需要适当使用。在每一个场合都引用同一个谚语就称不上是智者了。谚语的智慧在于其内容和运用，而运用则需要细心谋划。即使我们明显具有永恒形式的智慧，但我们仍然需要个人导向才能使它生动有趣。

附 言

百年智慧

语录是一种古老的文学体裁。它最初的形式是由 100 个简短的语录组成。每一条谚语都值得读者仔细推敲。僧侣们经常借这些谚语来帮助他们提高自身悟性。我在此收集了 100 条智慧语录以供读者参阅思考。这些语录来源广泛，其中有些谚语堪称箴言但作者不详。它们来自不同的时代、不同的文化背景和不同的地域，其表达的智慧观也不尽相同。本书涉及的其他谚语，是希望丰富充实本书的内容。然而，每个人看待智慧的角度不同，自然会形成不同的智慧观。为了方便读者阅读，我把这些谚语分为几个部分。但是，这些谚语分类的方法并不仅限于此。阅读这些谚语的过程中，读者会发现，尽管许多谚语表达的内容完全契合，但表达的视角截然不同。读者还会发现其中一些谚语的应用更为普遍。

关于谚语，通常有很多不同的来源和版本。这些谚语是根据前人改编的还是现代人们自创的，对此我们很难判断。可能是我没能把荣誉给予合适的人，又或者错把某些荣誉冠于某人了。据推测，任何一条作者不详的谚语已经以英语的形式流传已久，因为它早已成为日常沟通交流的一部分。这些谚语并没有明确的作者。

把这些谚语翻译成其他语言可能会出现一些差异，因为不同的译者对这些谚语的解读方法不同。在这种情况下，我的态度纯粹务实：相信译者的能力。

如果译者使用"wisdom"（智慧）、"wise"（有智慧的）或者"sage"（圣人）这些字眼，即使其他人可能不赞同这种做法，我仍然因为他们知道自己所翻译的内容是关于什么的而夸赞他们。虽然这样做带来的结果可能不够完美，但我认为的确也是无可厚非的。

谚语

以智慧谋和平，以和平得富裕。

大智若愚。

聪明的人善始善终，愚蠢的人半途而废。

世上智者就像树篱里的成材木，数不胜数。

早睡早起使人健康、富有、聪明。

不自知者不智。

物以类聚，人以群分。

聪明的人吃一堑长一智，愚蠢的人执迷不悟、重蹈覆辙。

聪明的人总是聪明的。

智者不作非凡之想。

愚者发问，智者结舌。

智者一言已足矣（明白人用不着细说）。

有舍才有得。——阿拉伯谚语

智者之智在于虚怀若谷，愚者之愚在于目空一切。——波斯谚语

诗歌

历经世事，启迪心智。——荷马

智慧改变命运。——尤维纳

无知是福，大智若愚。——托马斯·格雷

压榨使智者昏愚。——罗伯特·勃朗宁

懂得爱的人才是智者。——罗伯特·布里奇斯

快乐的日子使人睿智。——约翰·梅斯菲尔德

遗失在知识中的智慧到哪里去了？又将遗失在信息中的知识到哪里去了？——T.S. 艾略特

聪明的人不是懂得多，而是懂得有用的东西。——埃斯库罗斯

意大利人事前聪明，德国人事中聪明，法国人事后聪明。——乔治·赫伯特

请问，谁是聪明的人？你会发现其实就是你自己。——托马斯·莫尔

法国的圣人，日本的疯子。——托马斯·莫尔

智慧永恒不变的特点就是在普通中看到神奇。——拉尔夫·瓦尔多·爱默生

我爱智慧胜于智慧爱我。——洛德·拜伦

政治家

智者与勇夫都不会躺倒在历史的轨道上，等待未来的列车在身上碾过。——德怀特·艾森豪威尔

历史教会我们，只有在别无选择时，人民和民族才会变得明智。——阿巴·埃班

活到老学到老，不要指望智慧会随年龄的增加而增长。——梭伦

即使他是对的，智者在辩论中也会保持沉默。——卡托

人类政府的历史，其实是一部各种利益不断妥协和交换的历史。也只有在不断地妥协和交换中，各种利益才可能获得相对的平衡。——埃德蒙·伯克

一般说来，人性之中愚人的禀性多于智者的禀性。——弗朗西斯·培根

在每个方面，自然总是明智的。——爱德华·瑟洛

哲学家

没有什么比真理更接近智慧。——塞克斯图斯

你要承认除了你自己，其他任何东西都是明智的。——塞克斯图斯

智者既不拒绝生命，也不惧怕死亡。——伊壁鸠鲁

来自他人的伤害，是由于仇恨、嫉妒或轻蔑而产生的，而智者通过理性来克服它们。——伊壁鸠鲁

愚者常对过去不好的事情耿耿于怀，而智者常怀感恩之心，将好的事情铭记心间。——伊壁鸠鲁

任何人的聪明才智绝非得之偶然。——辛尼加

智慧必须结合科学知识合理论证。——亚里士多德

他们将能应对突发状况的人称为智者。——西塞罗

科学剥夺了人们的智慧，将其变成没有智慧，不善思考的隐形人。——米盖尔·德·乌纳穆诺

智者只有在和谐的平衡中才能感到快乐。——加布里埃尔·马塞尔

智慧是对事物本质的认识。——夏努戈·巴拉萨

智慧意味着以最好的方式达到最佳目的。——弗朗西斯·哈奇森

简练的语言，蕴含无穷的智慧。——塞克斯图斯

佛教

佛教智慧不是沉思，也不是存在或不存在的思想。它与大小、启蒙或幻想无关。——道元

缺乏智慧的人，对别人的错误没有耐心。但是就智者而言，他们对其耐心指导，从而耐心得以提升。——《梵网经》

智者不被存在或非存在所困扰。——《根本中观颂》

智者在对所做的事情采取行动之前，会仔细调查其中的情况。——萨迦·班智达

正如大磐石不被风摇动，智者不因称赞或责备而动摇。——《法句经》

智者接受一切良策，即便是来自孩子的忠告。——萨迦·班智达

智慧是幸福的源泉。——萨迦·班智达

小说家

我们不会收到来自他人的智慧。我们必须通过自己的亲身经验来发现它，而这种智慧没人可以给得了我们，也没人可以将其从我们手中掠夺走。——马塞尔·普鲁斯特

我们所知道的智慧是关于善与恶的知识，而不是在两者之间做出选择的能力。——约翰·契弗

没有什么东西不能显示真正的智慧。——列夫·托尔斯泰

虽然拥有智慧不是为了得到金子，但是没有智慧我们得到的金子会很少。——塞缪尔·巴特勒

一个聪明人做了三件事情：第一，他自己做了他建议别人做的事情；第二，他不反对真理；第三，他对他身边的弱点很有耐心。——列夫·托尔斯泰

资产阶级的仇恨是智慧的开始。——古斯塔夫·福楼拜

智慧是对生命永恒真理的理解。——列夫·托尔斯泰

我们不能让自己相信一个外国人有可能在任何方面都比我们自己更聪明。——安东尼·特罗洛普

现在我六十岁了，我明白为什么老年人的智慧已经从货币中消失了。——约翰·厄普代克

有种智慧即悲哀，但有种悲哀即疯狂。——赫尔曼·麦尔维尔

宗教领袖与作家

一个人不可能获得智慧，除非首先……他完全摆脱了无知和罪恶之雾。——马克西姆忏悔者

智慧永远是真、善、美的。——牧师西罗安

智慧是辨别知识的练习。深度的学习及渊博的知识都不是智慧。明智地运用知识才为智慧。——琐罗亚斯德

自以为最聪明的人通常是最大的傻瓜。——查尔斯·卡莱布·科尔顿

学者的智慧源于充分的闲暇；如果一个人想要变聪明，他就必须摆脱其他缠身的任务。——《便西拉智慧书》（《次经》中的章节）

世上智慧不多，但只有一个——希波的奥古斯丁的无欲无求便是智慧。——拉玛那·马哈希

一个人分析他内心的自我越多，他对自己看起来就越不自信。这是智慧的第一课。——威廉·埃勒里·钱宁

学习智慧就是学习美德，学习美德就是采取善良的行为，而采取善良的行为就是要按正当理由行事。——约翰·盖勒冯·凯斯伯格

智慧是了解神圣的东西。——杰斯·克里克托夫

智慧的特点是智力和智慧，没有智慧的国家就没有智力和感觉。——马克西姆忏悔者

剧作家和幽默家

智者三思而后行。——罗伯特·本奇利

聪明反被聪明误。——菲利普·奎纳尔特

一个人不要羞于承认自己犯了过错，认错只不过是说明他今天比昨天更加聪明了。——亚历山大·蒲柏

一个国家中，究竟是智者多还是愚者多？我想人们不得不承认在世界上任何一个国家都是愚者占据大多数，智者总是寥寥无几。——亨利克·易卜生

教育向智者揭露了那些愚昧人的无知。——安布罗斯·贝尔士

宁可走运，也不聪明。——约翰·韦伯斯特

其他方面题材

尽管在每种语言中这是众所周知的，但沉默者的智慧是无法来证明的。——伯尔根·埃文斯

正是世上的傻瓜，在不断地与智慧混为一谈。——奥利弗·温德尔·霍姆斯

爱是愚人的智慧，是智者的愚昧。——塞缪尔·约翰逊

没有智慧的信念是危险的事情。——斯蒂芬·兰西曼

我不会利用社会学家的智慧，因为我不会说他们的语言。——弗里曼·戴森

乐观主义者是到处都能看到绿灯的人，而悲观主义者却只能看到红灯。真正聪明的人是色盲。——阿尔贝特·施韦泽

智慧犹如指南针，指引着一切事物的方向。——甫西里第斯

白天劳作的人们不做梦，而智慧恰恰会出现在人们梦中。——杰克·威尔逊

谁是最聪明、最幸福的人呢？是那些终日忙碌，收获却屈指可数的人呢；还是那些怡然自得，悠然垂钓的人呢？——密克马克族的酋长

没有谁可以一直明智，从不犯错。——老普林尼

一个懂得珍惜时间的人是明智的，他不会无视时间的价值。——亨利·大卫·梭罗

智慧从来不是一种遥不可及的知识，相反，它完全是一种个人体验。——马克·埃德蒙·琼斯

致 谢

几年以来，沿着这些线路创作一本书的想法一直在我脑中打转。将其由想法转化为现实的助力是采用了本·海斯（Ben Hayes）在瑞科图书（Reaktion Books）中的方法。我非常感谢本，因为他不仅给了我最初的动力，而且在我创作这本书的整个过程中都一如既往地支持我。在创作过程中，我还受益于坎布里亚大学的资金支持，这为我两次访问英国图书馆提供了资金。最后，我要感谢妮基·米尔（Nicky Meer），感谢她一路提供给我的鼓励和建设性批评意见。

图片鸣谢

作者和出版商希望表达他们的感谢，感谢以下说明性材料的来源，以及允许再次使用这些材料：

Images © Trustccs of the British Muscum, London; © Victoria & Albert Museum, London.

注 释

引言

1 Aristotle, *Metaphysics*, 981b–982b.
2 Cicero, *Tusculan Disputations*, 3.5.
3 Augustine of Hippo, *Enchiridion*, 2.
4 Bendt Alster, *The Instructions of Suruppak: A Sumerian Proverb Collection* (Copenhagen, 1974).
5 Joseph Campbell, *The Hero with a Thousand Faces* (Cleveland, OH, 1956), p. 121.
6 Plato, *Republic*, 514–17.

第 1 课　智慧与神

1 Richard H. Wilkinson, *The Complete Gods and Goddesses of Ancient Egypt* (London, 2003), p. 216.
2 A. C. Bouquet, *Sacred Books of the World* (Harmondsworth, 1954), p. 113.
3 The translation is that of the Revised Standard Version.
4 John Ray, *The Wisdom of God Manifested in the Works of the Creation* (Glasgow, 1750), p. 35.

第 2 课　智慧与神话故事

1 Bendt Alster, *The Instructions of Suruppak: A Sumerian Proverb Collection* (Copenhagen, 1974).
2 Anne Paludan, *Chronicle of the Chinese Emperors* (London, 2008), p. 8.
3 Geoffrey Ashe, *The Ancient Wisdom* (London, 1977).
4 J. M. Cook, *The Persians* (London, 1983), p. 228.
5 Alison Jones, *Larousse Dictionary of World Folklore* (Edinburgh, 1995), p. 429.
6 Joel Chandler Harris, *Uncle Remus: His Songs and his Sayings* (New York, 1982).
7 Jones, *Larousse Dictionary of World Folklore*, p. 429.
8 Trevor Curnow, *Wisdom, Intuition and Ethics* (Aldershot, 1999), chap. 4.
9 Eusebius, *Preparation for the Gospel*, trans. Edwin Hamilton Gifford (Eugene, OR, 2002), vol. 1, p. 451.

10 Most of the relevant texts about Enoch can be found in *The Old Testament Pseudepigrapha*, ed. James H. Charlesworth, vol. 1 (London, 1983).

11 David Rohl, *The Lords of Avaris* (London, 2008), p. 528.

第3课 智慧与历史

1 Edward Conze, *Buddhism: Its Essence and Development* (New York, 1959), p. 34.

2 The translation is from the Revised Standard Version.

3 The translation is from the Revised Standard Version.

4 D. T. Suzuki, *What is Zen?* (New York, 1972), pp. 63–4.

5 Surahs 27 and 34.

6 Josephus, *Antiquities of the Jews*, 8.6.4.

7 Patricia O'Grady, *Thales of Miletus* (Aldershot, 2002), pp. 273–5.

8 Plato, *Protagoras and Meno*, trans. W.K.C. Guthrie (Harmondsworth, 1956), p. 77.

9 Anne Paludan, *Chronicle of the Chinese Emperors* (London, 1998), p. 69.

10 Ibid.

11 Ingrid Fischer-Schreiber, *The Shambhala Dictionary of Taoism*, trans. Werner Wünsche (Boston, MA, 1996), p. 32.

12 John Blofeld, *Taoism: The Road to Immortality* (Boulder, CO, 1978), p. 23.

13 John Julius Norwich, *Byzantium: The Apogee* (London, 1991), p. 104.

14 Friedrich Heer, *The Holy Roman Empire*, trans. Janet Sondheimer (London, 1968), p. 81.

15 William Coxe, *History of the House of Austria* (London, 1847), vol. 1, p. 117.

16 Miguel Leon-Portilla and Earl Shorris, *In the Language of Kings* (New York, 2001), pp. 141–2.

17 Reimund Kvideland and Henning K. Sehmsdorf, eds, *Scandinavian Folk Belief and Legend* (Minneapolis, MN, 1988), p. 286.

18 J. N. Farquhar, *Modern Religious Movements in India* (Delhi, 1967), p. 44.

19 T.M.P. Mahadevan, *Ramana Maharshi: The Sage of Arunacala* (London, 1977), p. 17.

20 Jonathan Lyons, *The House of Wisdom: How the Arabs Transformed Western Civilization* (London, 2009), p. 63.

第4课 智慧与文学

1 Fritjof Capra, *The Tao of Physics* (New York, 1977), p. 17.

2 S. Radhakrishnan, *The Principal Upanisads* (London, 1953), p. 22.

3 Ibid., pp. 672–3.

4 Ibid., p. 280.

5 Patrick Olivelle, *Upanisads* (Oxford, 1996), p. 276.

6 Bill Porter, *Zen Baggage* (Berkeley, CA, 2009), p. 8.
7 Edward Conze, *Buddhist Wisdom: The Diamond Sutra and The Heart Sutra* (New York, 2001), p. 5.
8 Edward Conze, ed., *Buddhist Texts through the Ages* (New York, 1964), p. 146.
9 Porter, *Zen Baggage*, p. 8.
10 Jay L. Garfield, ed. and trans., *The Fundamental Wisdom of the Middle Way: Nagarjuna's 'Mulamadhyamakakarika'* (New York, 1995), p. 49.
11 Joseph Kaster, ed., *The Literature and Mythology of Ancient Egypt* (London, 1970), p. 166. I have taken the liberty of amending the translation slightly.
12 Ibid., p. 169.
13 Ibid., p. 179.
14 Ibid.
15 Ibid., p. 185.
16 Miriam Lichtheim, *Late Egyptian Literature in the International Context: A Study of Demotic Inscriptions* (Freiburg, 1983), p. 81.
17 Ibid.
18 Ibid., p. 73
19 James H. Charlesworth, ed., *The Old Testament Pseudepigrapha*, vol. II (London, 1985), p. 500.
20 Ibid., p. 501
21 Charles Allen and Sharada Dwivedi, *Lives of the Indian Princes* (London, 1986), p. 19.
22 Ibid., p. 120
23 Ibid., p. 90.
24 Sakya Pandita, *Ordinary Wisdom: Sakya Pandita's Treasury of Good Advice*, trans. John J. Davenport (Boston, MA, 2000), p. 214.
25 Ibid., p. 142.
26 Hung Ying-ming, *The Roots of Wisdom: Saikontan*, trans. William Scott Wilson (Tokyo, 1985), p. 9.
27 Ibid., p. 79.
28 Ibid., p. 99.
29 Ibid., p. 110.
30 Miguel Leon-Portilla and Earl Shorris, *In the Language of Kings* (New York, 2001), p. 245.
31 Miguel Leon-Portilla, *Aztec Thought and Culture*, trans. Jack Emory Davis (Norman, OK, 1963), p. 147.
32 Ibid., p. 149.
33 Lichtheim, *Late Egyptian Literature*, p. 205.
34 Aesop, *Aesop's Fables*, trans. S. A. Handford (Harmondsworth, 1954), p. 113.
35 Ibid., p. 156.
36 Ibid., p. 69.
37 Charles Speroni, *Wit and Wisdom of the Italian Renaissance* (Berkeley, CA, 1964), p. 58.
38 Jacob Grimm and Wilhelm Grimm, *The Complete Fairy Tales of the Brothers Grimm*, trans. Jack Zipes (London, 2007), p. 426.
39 Ibid.

40 Eugene Watson Burlingame, *Buddhist Parables* (Delhi, 1991), p. 275.

41 John Holloway, *The Victorian Sage* (London, 1953), p. 1.

第 5 课　智慧与占卜

1 Cheiro, *Cheiro's Language of the Hand* (London, 1968), p. 33.

2 Trevor Curnow, *Wisdom in the Ancient World* (London, 2010).

3 Jim Tester, *A History of Western Astrology* (Woodbridge, Suffolk, 1987), p. 11.

4 Miguel Leon-Portilla, *Aztec Thought and Culture*, trans. Jack Emory Davis (Norman, OK, 1963), p. 118.

5 Georg Luck, *Arcana Mundi* (Baltimore, MD, 1985), p. 342.

6 James B. Pritchard, ed., *The Ancient Near East*, vol. II (Princeton, NJ, 1975), p. 169. I have simplified the presentation of the text a little.

7 Herodotus, *The Histories*, trans. Aubrey de Selincourt (Harmondsworth, 1965), p. 30.

8 H. W. Parke, *The Oracles of Zeus* (Oxford, 1967), p. 262.

9 Ibid., p. 268.

10 Ibid., p. 267.

11 Ibid., p. 273.

12 George E. Bean, *Turkey's Southern Shore* (London, 1989), p. 99.

13 Trevor Curnow, *The Oracles of the Ancient World* (London, 2004), p. 142.

14 John Hemming, *The Conquest of the Incas* (London, 1972), p. 56.

15 Alden Almquist, 'Divination and the Hunt in Pagibeti Ideology', in *African Divination Systems: Ways of Knowing*, ed. Philip M. Peek (Bloomington, IN, 1991), p. 104.

16 John Turpin and Judith Gleason, '*Ifa*: A Yoruba System of Oracular Worship', in *The World Atlas of Divination*, ed. John Matthews (London, 1992), p. 106.

17 Richard Wilhelm, ed. and trans., *I Ching; or, Book of Changes* (London, 1989), p. 240.

18 Ibid., p. xxi.

19 Ralph D. Sawyer and Mei-Chun Lee Sawyer, *Ling Ch'i Ching: A Classic Chinese Oracle* (Boston, MA, 1995), p. 127.

20 Ibid., p. 128.

21 Artemidorus, *The Interpretation of Dreams*, trans. Robert J. White (Park Ridge, NJ, 1975), p. 176.

22 Ibid., p. 188

23 Leo A. Oppenheim, *The Interpretation of Dreams in the Ancient Near East* (Philadelphia, PA, 1956), p. 258.

24 Ibid., pp. 270, 279.

25 Sigmund Freud, *The Interpretation of Dreams*, trans. James Strachey (Harmondsworth, 1976), pp. 274–5.

26 Joseph Kaster, ed. and trans., *The Literature and Mythology of Ancient Egypt* (London, 1970), p. 155.

27 Iona Opie and Moira Tatem, eds, *A Dictionary of Superstitions* (Oxford, 1992), p. 60.

28 Oppenheim, *Interpretation of Dreams*, p. 300.

29 Cicero, *De Senectute, De Amicitia, De Divinatione*, trans. William Armistead Falconer (Cambridge, MA, 1992), p. 259.

30 John Temple, 'Consulting the Oracles', in *The World Atlas of Divination*, p. 66.

31 Eva Shaw, *The Wordsworth Book of Divining the Future* (Ware, 1997), p. 51.

32 Nevill Drury, *The Elements of Shamanism* (Shaftesbury, 1989), p. 10.

33 Aldous Huxley, *'The Doors of Perception' and 'Heaven and Hell'* (London, 1977), pp. 27–8.

34 William Blake, *A Selection of Poems and Letters* (Harmondsworth, 1958), p. 101.

35 Joseph Campbell, *The Hero with a Thousand Faces* (Cleveland, OH, 1956), part 1.

36 David Freidel, Linda Schele and Joy Parker, *Maya Cosmos: Three Thousand Years on the Shaman's Path* (New York, 1993), p. 227.

37 Ibid.

38 Piet Meyer, 'Divination among the Lobi of Burkina Faso', in *African Divination Systems: Ways of Knowing*, p. 98.

39 William B. Sherden, *The Fortune Sellers: The Big Business of Buying and Selling Predictions* (New York, 1998), pp. 2, 5.

第 6 课　智慧与哲学

1 Cicero, *Tusculan Disputations*, trans. J. E. King (Cambridge, MA, 1996), p. 433.

2 Ibid., p. 435.

3 Dimitri Gutas, *Greek Wisdom Literature in Arabic Translation* (New Haven, CT, 1975), p. 63.

4 G. S. Kirk and J. E. Raven, *The Presocratic Philosophers* (Cambridge, 1971), p. 226.

5 Thomas Cleary, *Living a Good Life* (Boston, MA, 1997), p. 10.

6 Kirk and Raven, *Presocratic Philosophers*, p. 189.

7 Jonathan Barnes, *Early Greek Philosophy* (London, 1987), p. 119.

8 Ibid., p. 105.

9 Ibid., p. 119.

10 Richard D. McKirahan, *Philosophy before Socrates* (Indianapolis, IN, 1994), p. 119.

11 E. R. Dodds, *The Greeks and the Irrational* (Berkeley, CA, 1951), p. 146.

12 Barnes, *Early Greek Philosophy*, p. 192.

13 S. Marc Cohen, Patricia Curd and C.D.C. Reeve, eds, *Readings in Ancient Greek Philosophy* (Indianapolis, IN, 1995), p. 588. The quotation comes from Aristotle's *Metaphysics*.

14 Ibid.

15 Luis E. Navia, *Antisthenes of Athens* (Westport, CT, 2001), p. ix.

16 Epictetus, *The Discourses, The Handbook, The Fragments*, ed. Christopher Gill, trans. Robin Hard (London, 1995), p. 212.

17 Jason L. Saunders, ed., *Greek and Roman Philosophy after Aristotle* (New York, 1966), p. 130.

18 Epictetus, *The Discourses*, p. 286.

19 Benedict de Spinoza, *The Chief Works of Benedict de Spinoza*, trans. R.H.M. Elwes, vol. II (New York, 1955), p. 197.

20 Brad Inwood and L. P. Gerson, eds and trans., *The Epicurus Reader* (Indianapolis, IN, 1994), p. 29.

21 Ludwig Wittgenstein, *Tractatus Logico-Philosophicus*, trans. D. F. Pears and B. F. McGuinness (London, 1961), p. 72.

22 Wing-tsit Chan, ed. and trans., *A Source Book in Chinese Philosophy* (Princeton, NJ, 1963), p. 30.

23 Shu-hsien Liu, *Understanding Confucian Philosophy: Classical and Sung-Ming* (Westport, CT, 1998), p. 18.

24 Chan, *A Source Book*, p. 65.

25 Ibid., p. 664.

26 Ibid., p. 668.

27 Ibid., p. 219.

28 Ibid., p. 148.

29 Martin Palmer, trans., *The Book of Chuang Tzu* (London, 1996), p. 69.

30 Thomas Cleary, ed. and trans., *The Tao of Politics* (Boston, MA, 1990), p. 94.

31 Ibid., p. 97.

32 Ibid., p. 98.

33 Mohini M. Chatterji, trans., *Viveka-Cudamani* (Adyar, 1947), p. 8.
Giovanni Pico della Mirandola, 'Oration on the Dignity of Man', in *The Renaissance Philosophy of Man*, ed. Ernst Cassirer, Paul Oskar Kristeller and

34 John Herman Randall (Chicago, IL, 1948), p. 244.

35 Ibid., p. 250.

36 Ibid., p. 248.

37 Ibid.
Eugene F. Rice, *The Renaissance Idea of Wisdom* (Cambridge, MA, 1958),

38 p. 107.

39 Ibid., p. 112.

40 Ibid., p. 117.

41 Ibid., p. 116.

第 7 课　智慧与神秘主义

1 Geraldine Pinch, *Magic in Ancient Egypt* (London, 2006), p. 105.

2 R. B. Parkinson, ed. and trans., *The Tale of Sinuhe and Other Ancient Egyptian Poems, 1940–1640 BC* (Oxford, 1997), p. 226.

3 R. O. Faulkner, *The Ancient Egyptian Book of the Dead* (London, 1985), p. 58.

4 Lucian, *Satirical Sketches*, trans. Paul Turner (Harmondsworth, 1961), p. 216.

5 Walter Scott, ed. and trans., *Hermetica: The Writings Attributed to Hermes Trismegistus* (Shaftesbury, 1992), p. 144.

6 Daniel Ogden, *Magic, Witchcraft and Ghosts in the Greek and Roman Worlds: A Sourcebook* (Oxford, 2002), p. 12.

7 David R. Cartlidge and David L. Dungan, *Documents for the Study of the Gospels* (Cleveland, OH, 1980), p. 205.

8 Lucian, *Satirical Sketches*, p. 222.

9 E. J. Holmyard, *Alchemy* (Harmondsworth, 1957), p. 98.

10 Peter Marshall, *The Philosopher's Stone* (London, 2002), p. 250.

11 Cherry Gilchrist, *The Elements of Alchemy* (Shaftesbury, 1991), p. 91.

12 'alchemy', *Encyclopaedia Britannica* from Encyclopaedia Britannica 2006 Ultimate Reference Suite DVD; accessed 22 May 2014.

13 Julian F. Pas, *Historical Dictionary of Taoism* (Lanham, MD, 1998), p. 182.

14 Ingrid Fischer-Schreiber, *The Shambhala Dictionary of Taoism*, trans. Werner Wünsche (Boston, MA, 1996), p. 197.

15 John Lash, *The Seeker's Handbook* (New York, 1990), p. 52.

16 Alain Daniélou, *Yoga: The Method of Re-integration* (London, 1973), p. 88.

17 Israel Gutwirth, *The Kabbalah and Jewish Mysticism* (New York, 1987), p. 17.

18 Gershom Scholem, *On the Kabbalah and its Symbolism*, trans. Ralph Manheim (New York, 1969), p. 100.

19 J.N.D. Kelly, *Early Christian Doctrines* (London, 1997), p. 23.

20 Richard Valantasis, ed., *The Beliefnet Guide to Gnosticism and Other Vanished Christianities* (New York, 2006), p. 19.

第 8 课　智慧与谚语

1 G. L. Apperson, *The Wordsworth Dictionary of Proverbs* (Ware, 1993), p. vii.

2 Alan Dundes, 'On the Structure of the Proverb', in *The Wisdom of Many*, ed. Wolfgang Mieder and Alan Dundes (Madison, WI, 1994), p. 60.

3 Alexander Pope, *Collected Poems* (London, 1993), p. 65.

4 Bendt Alster, *Proverbs of Ancient Sumer: The World's Earliest Proverb Collections* (Bethesda, MD, 1997), vol. I, p. xxiii.

5 Linda Flavell and Roger Flavell, *Dictionary of Proverbs and their Origins* (London, 1993), p. 5.

6 Ibid., p. 14.

7 Alster, *Proverbs of Ancient Sumer*, pp. 12, 100, 277.

8 Ruth Finnegan, 'Proverbs in Africa', in *The Wisdom of Many*, p. 33.

第 9 课　智慧与当代社会

1 Paul Heelas, *The New Age Movement* (Oxford, 1996), p. 1.

2 Aldous Huxley, *The Perennial Philosophy* (New York, 1970), p. viii.

3 Frithjof Schuon, *The Transcendent Unity of Religions* (Wheaton, IL, 1984), p. 149.

4 Heelas, *New Age Movement*, p. 19.

5 Bhagwan Shree Rajneesh, *Meditation: The Art of Ecstasy* (New York, 1978), p. 3.

6 Andrew Rawlinson, *The Book of Enlightened Masters* (Chicago, IL, 1997), p. 615.

7 H. P. Blavatsky, *The Key to Theosophy* (Pasadena, CA, 1987), p. 39.

8 John Gregory, ed. and trans., *The Neoplatonists* (London, 1991), p. 28.

9 Paul M. Allen, *Vladimir Soloviev: Russian Mystic* (Blauvelt, NY, 1978), p. 90

10 Frederick Copleston, *A History of Philosophy*, vol. x: *Russian Philosophy* (London, 2003), pp. 224–5.

11 Ludmila Voronkova, 'Pavel Florensky', in *A History of Russian Philosophy*, ed. Valery A. Kuvakin (Buffalo, NY, 1994), vol. II, p. 649.

12 Sergius Bulgakov, *The Bride of the Lamb*, trans. Boris Jakim (Grand Rapids, MI, 2002), p. 39.

13 H. Odera Oruka, ed., *Sage Philosophy: Indigenous Thinkers and Modern Debate on African Philosophy* (Leiden, 1990), p. 208.

14 Paul Baltes and Ursula Staudinger, 'Wisdom: A Metaheuristic (Pragmatic) to Orchestrate Mind and Virtue toward Excellence', *American Psychologist*, LV/1 (2000), p. 135.

15 Monika Ardelt, 'Wisdom as Expert Knowledge System: A Critical Review of a Contemporary Operationalization of an Ancient Concept', *Human Development*, XLVII (2004), p. 276.

16 Carolyn M. Aldwin, 'Gender and Wisdom: A Brief Overview', *Research in Human Development*, VI/1 (2009), p. 3.

17 Trevor Curnow, *Wisdom, Intuition and Ethics* (Aldershot, 1999), chap. 3.

18 Ibid.

结束语

1 Ludwig Wittgenstein, *Philosophical Investigations*, trans. G.E.M. Anscombe (Oxford, 1972), p. 32e.

2 Miguel Leon-Portilla and Earl Shorris, *In the Language of Kings* (New York, 2001), p. 564.

3 Trevor Curnow, *Wisdom, Intuition and Ethics* (Aldershot, 1999).

参考书目

Aesop, *Aesop's Fables*, trans. S. A. Handford (Harmondsworth, 1954)

Aldwin, Carolyn M., 'Gender and Wisdom: A Brief Overview', *Research in Human Development*, VI/1 (2009), pp. 1–8.

Allen, Charles, and Dwivedi, Sharada, *Lives of the Indian Princes* (London, 1986)

Allen, Paul M., *Vladimir Soloviev: Russian Mystic* (Blauvelt, NY, 1978)

Alster, Bendt, *Proverbs of Ancient Sumer: The World's Earliest Proverb Collections*, vol. 1 (Bethesda, MD, 1997)

——, *The Instructions of Suruppak: A Sumerian Proverb Collection* (Copenhagen, 1974)

Apperson, G. L., *The Wordsworth Dictionary of Proverbs* (Ware, 1983)

Arberry, A. J., *Sufism: An Account of the Mystics of Islam* (London, 1979)

Ardelt, Monika, 'Wisdom as Expert Knowledge System: A Critical Review of a Contemporary Operationalization of an Ancient Concept', *Human Development*, XLVII (2004), pp. 257–85

Artemidorus, *The Interpretation of Dreams*, trans. Robert J. White (Park Ridge, NJ, 1975)

Ashe, Geoffrey, *The Ancient Wisdom* (London, 1977)

Baldick, Julian, *Mystical Islam* (London, 1989)

Baltes, Paul, and Ursula Staudinger, 'Wisdom: A Metaheuristic (Pragmatic) to Orchestrate Mind and Virtue toward Excellence', *American Psychologist*, LV/1 (2000), pp. 122–36

Barnes, Jonathan, *Early Greek Philosophy* (London, 1987)

Bean, George E., *Turkey's Southern Shore* (London, 1989)

Blavatsky, H. P., *The Key to Theosophy* (Pasadena, CA, 1987)

Blofeld, John, *Taoism: The Road to Immortality* (Boulder, CO, 1978)

Bouquet, A. C., *Sacred Books of the World* (Harmondsworth, 1954)

Boyce, Mary, *Zoroastrians: Their Religious Beliefs and Practices* (London, 1984)

Bulgakov, Sergius, *The Bride of the Lamb*, trans. Boris Jakim (Grand Rapids, MI, 2002)

Burlingame, Eugene Watson, *Buddhist Parables* (Delhi, 1991)

Campbell, Joseph, *The Hero with a Thousand Faces* (Cleveland, OH, 1956)

Capra, Fritjof, *The Tao of Physics* (New York, 1977)

Cartlidge, David R., and David L. Dungan, *Documents for the Study of the Gospels* (Cleveland, OH, 1980)

Cassirer, Ernst, Paul Oskar Kristeller and John Herman Randall, eds, *The Renaissance Philosophy of Man* (Chicago, IL, 1948)

Castaneda, Carlos, *The Teachings of Don Juan* (Berkeley, CA, 1968)

Chambers Dictionary of Quotations (Edinburgh, 2005)

Chan, Wing-tsi, ed. and trans., *A Source Book in Chinese Philosophy* (Princeton, NJ, 1963)

Charlesworth, James H., ed., *The Old Testament Pseudepigrapha*, 2 vols (London, 1983–5)

Chatterji, Mohini M., trans., *Viveka-Cudamani* (Adyar, 1947)

Cheiro, *Cheiro's Language of the Hand* (London, 1968)

Cleary, Thomas, *Living a Good Life* (Boston, MA, 1997).

——, ed. and trans., *The Tao of Politics* (Boston, MA, 1990)

Cohen, J. M., and M. J. Cohen, eds, *The Penguin Dictionary of Modern Quotations* (Harmondsworth, 1971)

Cohen, S. Marc, Patricia Curd and C.D.C. Reeve, eds, *Readings in Ancient Greek Philosophy* (Indianapolis, IN, 1995)

Conze, Edward, *Buddhism: Its Essence and Development* (New York, 1959)

——, ed., *Buddhist Texts through the Ages* (New York, 1964)

——, *Buddhist Wisdom: The Diamond Sutra and The Heart Sutra* (New York, 2001)

Cook, J. M., *The Persians* (London, 1983)

Copleston, Frederick, *A History of Philosophy*, vol. X: *Russian Philosophy* (London, 2003)

Corbin, Henri, *Histoire de la philosophie islamique* (Paris, 1964)

Coxe, William, *History of the House of Austria*, vol. I (London, 1847)

Curnow, Trevor, *The Oracles of the Ancient World* (London, 2004)

——, *Wisdom in the Ancient World* (London, 2010)

——, *Wisdom, Intuition and Ethics* (Aldershot, 1999)

Daniélou, Alain, *Yoga: The Method of Re-integration* (London, 1973)

Davidson, H. R. Ellis, *Gods and Myths of Northern Europe* (Harmondsworth, 1964)

The Discourse on the All-embracing Net of Values, trans. Bhikkhu Bodhi (Kandy, 1978)

Dodds, E. R., *The Greeks and the Irrational* (Berkeley, CA, 1951)

Dogen Zenji, *Shobogenzo*, vol. I, trans. Kosen Nishiyama and John Stevens (Tokyo, 1975)

Drury, Nevill, *The Elements of Shamanism* (Shaftesbury, 1989)

Eliade, Mircea, *Shamanism: Archaic Techniques of Ecstasy* (Princeton, NJ, 1972)

Encyclopaedia Britannica, Ultimate Reference Suite DVD, 2006

Epictetus, *The Discourses, The Handbook, The Fragments*, ed. Christopher Gill, trans. Robin Hard (London, 1995)

Fakhry, Majid, *A History of Islamic Philosophy* (New York, 2004)

Farquhar, J. N., *Modern Religious Movements in India* (Delhi, 1967)

Faulkner, R. O., *The Ancient Egyptian Book of the Dead* (London, 1985)

Ferguson, John, *The Religions of the Roman Empire* (London, 1970)

Fischer-Schreiber, Ingrid, *The Shambhala Dictionary of Taoism*, trans. Werner Wünsche (Boston, MA, 1996)

Flavell, Linda, and Roger Flavell, *Dictionary of Proverbs and their Origins* (London, 1993)

Freidel, David, Linda Schele and Joy Parker, *Maya Cosmos: Three Thousand Years on the Shaman's Path* (New York, 1993)

Freud, Sigmund, *The Interpretation of Dreams*, trans. James Strachey (Harmondsworth, 1976)

Garfield, Jay L., ed. and trans., *The Fundamental Wisdom of the Middle Way: Nagarjuna's 'Mulamadhyamakakarika'* (New York, 1995)

Gerritsen, Willem P., and Anthony G. van Melle, eds, *A Dictionary of Medieval Heroes*, trans. Tanis Guest (Woodbridge, 1998)

Gilchrist, Cherry, *The Elements of Alchemy* (Shaftesbury, 1991)

Gillmor, Frances, *Flute of the Smoking Mirror* (Salt Lake City, UT, 1993)

Green, Miranda J., *Dictionary of Celtic Myth and Legend* (London, 1992)

Gregory, John, ed. and trans., *The Neoplatonists* (London, 1991)

Grimal, Pierre, *Penguin Dictionary of Classical Mythology*, ed. Stephen Kershaw, trans. A. R. Maxwell-Hyslop (Harmondsworth, 1991)

Grimm, Jacob, and Wilhelm Grimm, *The Complete Fairy Tales of the Brothers Grimm*, trans. Jack Zipes (London, 2007)

Gutas, Dimitri, *Greek Wisdom Literature in Arabic Translation* (New Haven, CT, 1975)

Gutwirth, Israel, *The Kabbalah and Jewish Mysticism* (New York, 1987)

Hall, Stephen S., *Wisdom: From Philosophy to Neuroscience* (New York, 2010)

Harner, Michael, *The Way of the Shaman* (San Francisco, 1980)

Harris, Joel Chandler, *Uncle Remus: His Songs and his Sayings* (New York, 1982)

Heelas, Paul, *The New Age Movement* (Oxford, 1996)

Heer, Friedrich, *The Holy Roman Empire*, trans. Janet Sondheimer (London, 1968)

Hemming, John, *The Conquest of the Incas* (London, 1972)

Herodotus, *The Histories*, trans. Aubrey de Selincourt (Harmondsworth, 1965)

Hinnells, John, ed., *Penguin Handbook of Ancient Religions* (London, 2007)

Holloway, John, *The Victorian Sage* (London, 1953)

Holmyard, E. J., *Alchemy* (Harmondsworth, 1957)

Holy Bible, Revised Standard Version (Collins, 1973)

Hung Ying-Ming, *The Roots of Wisdom: Saikontan*, trans. William Scott Wilson (Tokyo, 1985)

Huxley, Aldous, *'The Doors of Perception' and 'Heaven and Hell'* (London, 1977)
——, *The Perennial Philosophy* (New York, 1970)

Ibn Al'Arabi, *The Bezels of Wisdom*, ed. and trans. R.W.J. Austin (London, 1980)

Inwood, Brad, and L. P. Gerson, ed. and trans., *The Epicurus Reader* (Indianapolis, IN, 1994)

Jones, Alison, *Larousse Dictionary of World Folklore* (Edinburgh, 1995)

Jones, John Garrett, *Tales and Teachings of the Buddha* (London, 1979)

Jones, Marc Edmond, *Occult Philosophy* (Washington, DC, 1977)

Kaster, Joseph, ed. and trans., *The Literature and Mythology of Ancient Egypt* (London, 1970)

Kelly, J.N.D., *Early Christian Doctrines* (London, 1977)

King, Francis, *Magic: The Western Tradition* (London, 1975)

Kirk, G. S., and Raven, J. E., *The Presocratic Philosophers* (Cambridge, 1971)

Klostermaier, Klaus K., *A Concise Encyclopaedia of Hinduism* (Oxford, 1998)

Knysh, Alexander, *Islamic Mysticism: A Short History* (Leiden, 2000)

Kuvakin, Valery A., ed., *A History of Russian Philosophy*, vol. II (Buffalo, NY, 1994)

Kvideland, Reimund, and Henning K. Sehmsdorf, eds, *Scandinavian Folk Belief and Legend* (Minneapolis, MN, 1988)

La Fontaine, Jean de, *Selected Fables*, trans. James Michie (London, 1982)

Lash, John, *The Seeker's Handbook* (New York, 1990)

Leach, Maria, ed., *Funk and Wagnall's Standard Dictionary of Folklore, Mythology and Legend* (London, 1972)

Leeming, David, *The Oxford Illustrated Companion to World Mythology* (New York, 2008)

Leon-Portilla, Miguel, *Aztec Thought and Culture*, trans. Jack Emory Davis (Norman, OK, 1963)

——, and Earl Shorris, *In the Language of Kings* (New York, 2001)

Lichtheim, Miriam, *Late Egyptian Literature in the International Context: A Study of Demotic Inscriptions* (Freiburg, 1983)

Liu, Shu-hsien, *Understanding Confucian Philosophy: Classical and Sung-Ming* (Westport, CT, 1998)

Lloyd, G.E.R., *The Revolutions of Wisdom* (Berkeley, CA, 1989)

Loewe, Michael, and Carmen Blacker, eds, *Divination and Oracles* (London, 1981)

Lucian, *Satirical Sketches*, trans. Paul Turner (Harmondsworth, 1961)

Luck, Georg, *Arcana Mundi* (Baltimore, MD, 1985)

Lyons, Jonathan, *The House of Wisdom: How the Arabs Transformed Western Civilization* (London, 2009)

MacCormack, Sabine, *Religion in the Andes: Vision and Imagination in Early Colonial Peru* (Princeton, NJ, 1991)

McGreal, Ian P., ed., *Great Thinkers of the Eastern World* (New York, 1995)

McKirahan, Richard D., *Philosophy before Socrates* (Indianapolis, IN, 1994)

Mahadevan, T.M.P., *Ramana Maharshi: The Sage of Arunacala* (London, 1977)

Marshall, Peter, *The Philosopher's Stone* (London, 2002)

Matt, Daniel Chanan, ed. and trans., *Zohar* (London, 1983)

Matthews, John, ed., *The World Atlas of Divination* (London, 1992)

Metzger, Bruce M., and Michael D. Coogan, eds, *The Oxford Companion to the Bible* (New York, 1993)

Mieder, Wolfgang, and Alan Dundes, eds, *The Wisdom of Many* (Madison, WI, 1994)

Narasimhan, Chakravarthi V., ed. and trans., *The Mahabharata* (New York, 1965)

Navia, Luis E., *Antisthenes of Athens* (Westport, CT, 2001)

Neihardt, John G., *Black Elk Speaks* (New York, 1972)

Nerburn, Kent, and Louise Mengekbach, eds, *Native American Wisdom* (Novato, CA, 1991)

New English Bible with the Apocrypha (Oxford and Cambridge, 1970)

Norwich, John Julius, *Byzantium: The Apogee* (London, 1991)

Oakes, Lorna, and Lucia Gahlin, *Ancient Egypt* (London, 2007)

Ogden, Daniel, *Greek and Roman Necromancy* (Princeton, NJ, 2001)

——, *Magic, Witchcraft and Ghosts in the Greek and Roman Worlds: A Sourcebook* (Oxford, 2002)

O'Grady, Patricia F., *Thales of Miletus* (Aldershot, 2002)

Olivelle, Patrick, *Upanisads* (Oxford, 1996)

Opie, Iona, and Moira Tatem, eds, *A Dictionary of Superstitions* (Oxford, 1992)

Oppenheim, A. Leo, *The Interpretation of Dreams in the Ancient Near East* (Philadelphia, PA, 1956)

Oruka, H. Odera, ed., *Sage Philosophy: Indigenous Thinkers and Modern Debate on African Philosophy* (Leiden, 1990)

Oxford Dictionary of Quotations (Oxford, 1966)

Palmer, Martin, trans., *The Book of Chuang Tzu* (London, 1996)

Paludan, Ann, *Chronicle of the Chinese Emperors* (London, 1998)

Parke, H. W., *The Oracles of Zeus* (Oxford, 1967)

Parkinson, R. B., ed. and trans., *The Tale of Sinuhe and other Ancient Egyptian Poems, 1940–1640 BC* (Oxford, 1997)

Partridge, Christopher, ed., *Encyclopaedia of New Religions* (Oxford, 2004)

Pas, Julian F., *Historical Dictionary of Taoism* (Lanham, MD, 1998)

Peek, Philip M., ed., *African Divination Systems: Ways of Knowing* (Bloomington, IN, 1991)

Petrocchi, Marco Curatola, and Mariusz S. Ziólkowski, eds, *Adivinación y oráculos en el mundo andino antiguo* (Lima, 2008)

Phillips, Charles, *An Illustrated Encyclopaedia of Aztec and Maya* (London, 2010)

Pinch, Geraldine, *Magic in Ancient Egypt* (London, 2006)

Plutarch, *The Rise and Fall of Athens*, trans. Ian Scott-Kilvert (Harmondsworth, 1960)

Porter, Bill, *Zen Baggage* (Berkeley, CA, 2009)

Pritchard, James B., ed., *The Ancient Near East*, 2 vols (Princeton, NJ, 1958–75)

Radhakrishnan, S., *Indian Philosophy*, vol. 1 (London, 1989)

——, *The Principal Upanisads* (London, 1953)

Rajneesh, Bhagwan Shree, *Meditation: The Art of Ecstasy* (New York, 1978)

Rawlinson, Andrew, *The Book of Enlightened Masters* (Chicago, IL, 1997)

Ray, John, *The Wisdom of God Manifested in the Works of the Creation* (Glasgow, 1750)

Rice, Eugene F., *The Renaissance Idea of Wisdom* (Cambridge, MA, 1958)

Rohl, David, *The Lords of Avaris* (London, 2008)

Sakya Pandita, *Ordinary Wisdom: Sakya Pandita's Treasury of Good Advice*, trans. John J. Davenport (Boston, MA, 2000)

Saunders, Jason L., ed., *Greek and Roman Philosophy after Aristotle* (New York, 1966)

Sawyer, Ralph D., and Mei-Chun Lee Sawyer, *Ling Ch'i Ching: A Classic Chinese Oracle* (Boston, MA, 1995)

Scholem, Gershom, *On the Kabbalah and its Symbolism*, trans. Ralph Manheim (New York, 1969)

Schuon, Frithjof, *The Transcendent Unity of Religions* (Wheaton, IL, 1984)

Scott, Walter, ed. and trans., *Hermetica: The Writings Attributed to Hermes Trismegistus* (Shaftesbury, 1993)

Seal, Graham, *Encyclopaedia of Folk Heroes* (Santa Barbara, CA, 2001)

Sharif, M. M., ed, *A History of Muslim Philosophy*, vol. 1 (Wiesbaden, 1963)

Shaw, Eva, *The Wordsworth Book of Divining the Future* (Ware, 1997)

Sherden, William B., *The Fortune Sellers: The Big Business of Buying and Selling Predictions* (New York, 1998)

Shushud, Hasan Lufti, *Masters of Wisdom of Central Asia*, trans. Muhtar Holland
(Moorcote, North Yorkshire, 1983)

Smith, Margaret, *Rabi'a: The Life and Work of Rabi'a and Other Women Mystics
in Islam* (Oxford, 1994)

Speroni, Charles, *Wit and Wisdom of the Italian Renaissance* (Berkeley, CA, 1964)

Spinoza, Benedict de, *The Chief Works of Benedict de Spinoza*, trans. R.H.M.
Elwes, vol. II (New York, 1955)

Sternberg, Robert J., ed., *Wisdom: Its Nature, Origins and Development*
(New York, 1990)

——, and Jennifer Jordan, eds, *A Handbook of Wisdom: Psychological Perspectives*
(New York, 2005)

Stone, Michael E., and Theodore A. Bergren, eds, *Biblical Figures outside the Bible*
(Harrisburg, PA, 1998)

Suzuki, D. T., *What is Zen?* (New York, 1972)

Sykes, Egerton, *Everyman's Dictionary of Non-Classical Mythology* (London, 1952)

Tester, Jim, *A History of Western Astrology* (Woodbridge, Suffolk, 1987)

Tolstoy, Leo, *A Calendar of Wisdom*, trans. Peter Serkin (London, 1997)

Townsend, Richard F., *The Aztecs* (London, 2000)

Trimingham, J. Spencer, *The Sufi Orders in Islam* (Oxford, 1971)

Valantasis, Richard, ed., *Religions of Late Antiquity in Practice* (Princeton, NJ, 2000).

——, *The Beliefnet Guide to Gnosticism and Other Vanished Christianities*
(New York, 2006)

Van Over, Raymond, ed., *Eastern Mysticism*, vol. I (New York, 1977)

Weeks, Thomas W., and Dilip V. Jeste, 'Neurobiology of Wisdom: A Literature
Overview', *Archive of General Psychiatry*, LXVI/4 (2009), pp. 355–65

Wilhelm, Richard, ed. and trans., *I Ching; or, Book of Changes* (London, 1989)

Wilkins, Eliza G., *'Know Thyself' in Greek and Latin Literature* (New York, 1979)

Wilkinson, Richard H., *The Complete Gods and Goddesses of Ancient Egypt* (London,
2003)

Williams, Paul, *Mahayana Buddhism: The Doctrinal Foundations* (London, 1989)

Wilson, Robert R., *Genealogy and History in the Biblical World* (New Haven,
CT, 1977)

Wittgenstein, Ludwig, *Philosophical Investigations*, trans. G.E.M. Anscombe
(Oxford, 1972)

——, *Tractatus Logico-Philosophicus*, trans. D. F Pears and B. F. McGuinness
(London, 1961)

Wood, James, *Wisdom Literature* (London, 1967)

Yetts, W. Perceval, 'The Eight Immortals', *Journal of the Royal Asiatic Society of
Great Britain and Ireland*, XLVIII (1916), pp. 772–806

Zaehner, R. C., *Hindu and Religious Mysticism* (New York, 1969)